铁路职业技能鉴定指导丛书

铁 路 报 务 员

铁道部劳动和卫生司
铁道部人才服务中心　组织编写

中 国 铁 道 出 版 社
2007 年 · 北京

内 容 简 介

本书根据铁道部原劳动工资司、教育卫生司和人才服务中心的有关要求组织编写，内容以相应的《铁路职业技能标准（试行）》和《铁路职业技能鉴定规范（考核大纲）》为依据，全书分为初、中、高三个等级，每个等级又分为三大部分，有知识要求练习题、技能要求演练题和知识要求练习题答案。

本书针对鉴定考核的内容和形式编写，是各单位组织鉴定前的培训和申请鉴定的人员自学的必备书，对各类职业学校师生也有重要的参考价值。

图书在版编目(CIP)数据

铁路报务员/铁道部劳动和卫生司，铁道部人才服务中心组织编写 .—北京：中国铁道出版社，2002.7(2007.6 重印)
(铁路职业技能鉴定指导丛书)
ISBN 978-7-113-04725-2

Ⅰ.铁… Ⅱ.①铁…②铁… Ⅲ.铁路通信－电报－邮电业务－职业技能鉴定－自学参考资料 Ⅳ.U285.11

中国版本图书馆 CIP 数据核字(2002)第 045782 号

书　　名：铁路职业技能鉴定指导丛书
铁路报务员
著作责任者：铁道部劳动和卫生司 铁道部人才服务中心 组织编写
出 版 发 行：中国铁道出版社（100054，北京市宣武区右安门西街 8 号）
责 任 编 辑：任　军　　编辑部电话：市电(010)51873147　　路电(021)73147
封 面 设 计：马　利
印　　刷：北京鑫正大印刷有限公司
开　　本：787×1092　1/16　印张：5.25　字数：125 千
版　　本：2002 年 10 月第 1 版　　2007 年 6 月第 2 次印刷
印　　数：2 001～3 500 册
书　　号：ISBN 978-7-113-04725-2/U·1355
定　　价：15.50 元

前　言

《中华人民共和国劳动法》第八章第六十九条规定："国家确定职业分类，对规定的职业制定职业技能标准，实行职业资格证书制度，由经过政府批准的考核鉴定机构负责对劳动者实施职业技能鉴定"。1997年铁道部和原劳动部联合颁布了铁道行业100个特有工种的职业技能标准，1997～1999年又先后颁发了相应工种的职业技能鉴定规范（考核大纲），建立了131个特有工种职业技能鉴定站，全面开展职业技能鉴定工作。

为适应铁道行业职业技能鉴定工作的发展，满足各单位职业技能培训和职工学习的需要，我们组织编写了《铁路职业技能鉴定指导丛书》，陆续出版发行。

本丛书原则上按工种分册、分批出版。本丛书以相应的《铁路职业技能标准（试行）》和《铁路职业技能鉴定规范（考核大纲）》为依据，按照初、中、高三个等级分别编写，内容均包括知识要求练习题及答案、技能要求演练题及操作要点。

本丛书针对鉴定考核的内容和形式编写，是各单位组织鉴定前的培训和申请鉴定的人员自学的必备书，对各类职业学校师生也有重要的参考价值。需要说明的是，本丛书侧重于知识要求练习和技能要求演练，读者要想系统地掌握有关知识，还应参考其他相关的培训教材。

本书由柳州铁路局主编，上海铁路局协编。本书主要编写人员为：金旭、容碧琼、魏晓邕等。李松元、李孟军、刘冠军、郎力平、周万江等同志对本书的修改工作提出了宝贵的意见，在此表示衷心的感谢！

由于铁路改革和发展的进程较快，本书不足之处在所难免，恳请各单位和读者提出宝贵意见和建议。

铁道部劳动和卫生司
铁道部人才服务中心
2002年9月

目　录

第一部分　初　级　工

一、初级铁路报务员知识要求部分练习题

(一)填空题(将正确答案填在横线空白处)

【例 1】站名首字检字表(一)是按站名第一个字的________来查的。

答案:笔划数。

【例 2】报务员收到传真电报后,要确认收电单位,检查报面完整、端正、字迹清晰,按________进行处理。

答案:收报作业标准。

【例 3】电报业务报告为年报,有国际联运电报业务的局,应________,并注明"国际联运"字样。

答案:分别填报。

【例 4】话传发报,应确认有否发报权,对地名、人名、数字及________应复诵。

答案:易混字句。

【例 5】铁路运输业以人公里为单位计量的旅客位移的产品总数,称为________。

答案:旅客周转量。

1. 拍发电报,由汉字译成四码,先查汉字的部首和部首的________,然后查出相关的电码。

2. 在"电码标准本"正篇中查不出的汉字和符号等,可以在"标准电码本"内________中查找。

3. 收到的电报,由电码译成汉字,按照________可查出汉字。

4.《铁路电报站名略号》本中编排的内容有四项,是按站名、站名略号、该车站隶属局或分局、负责办理电报的________的顺序编排的。

5.《铁路电报站名略号》本中站名首字检字表(一)是按站名第一个字的________来查的。

6.《铁路电报站名略号》本中站名首字检字表(二)是按站名第一个字的________来查的。

7. 学好汉语拼音是做好报话工作的________。

8. 掌握汉语拼音有利于学好普通话,有利于学习________。

9. 汉语拼音的顺序完全依照国际上通用的________的顺序。

10. 汉语拼音共有 26 个字母,实际上拼写普通话只需要 25 个,还有一个"V"仅用来拼写外来语、少数民族语言和________。

11. 汉语拼音多数字母的名称音是在原来字母的前边或后边________。

12. 汉语拼音的写法分为手写体和________。

13. 汉语拼音的大写字母一般只用在专用名词或________的第一个字母。

14. 汉语拼音的声母绝大多数只用一个________表示。

15. 普通话的声调有四个,其名称符号是________。

16. 受理电报在报头栏填写当时的时间,8点15分应写为________。

17. 译电时在报头栏内填记受理时间,22点30分应译为________。

18. 电报略号可分为站名略号、特定电报所名略号、________和统称语通电略号四种。

19. 站名略号由三个汉语拼音字母组成,其________代表局名。

20. 站名略号的编制尽可能按该站名的第一个字拼音的________进行排列。

21. 铁路电报是铁路运输生产、________的通信联络工具。

22. 铁路电报是公文的组成部分,是政令、________的手段。

23. 报务员收到传真电报后,要确认收电单位,检查报面完整、端正、字迹清晰,按________进行处理。

24. 报务人员要按照《铁路职业技能标准》和________的要求,努力学习技术业务,熟练掌握操作技能,提高服务水平。

25. 报务人员值机时,应核对时间,并将________输入终端设备。

26. 报务人员要正确填记原始记录,统计个人________。

27. 报务人员要认真执行交接班制度,做到________、接班明。

28. 报务人员要爱护设备,及时向________反映报路、设备质量上存在的问题。

29. 报务人员要树立全程全网观念,积极参加网路活动,主动________。

30. 铁路电报工作必须坚持为用户服务的宗旨,以准确、迅速、保密、畅通为准则,为用户提供________的服务。

31. 铁路电报工作人员必须树立敬业爱岗、________的责任意识和全程全网观念。

32. 铁路电报工作人员必须执行规章制度,努力学习技术业务,不断提高电报工作的________和服务水平。

33. 报务人员要严格执行《铁路电报管理规则》等各项规章制度,坚守工作岗位,遵章守纪,________、听指挥,准确、迅速地完成电报传递任务。

34. 报务人员要做到:语言文明,态度和蔼,用好"________"等工作用语,提供优质服务。

35. ________是铁路电报管理和电报工作人员进行工作的依据。

36. 遵守通信保密和通信纪律是做好电务工作的________,是报务人员应具备的职业道德。

37. 拍发铁路电报只限全路________能够通达的范围内。

38. 部属单位拍发电报可发至________,但不得发全路各站、段。

39. 拍发给路外单位和铁路出差、乘务人员的电报,必须指定________的铁路单位,但不得指定电报所。

40. 用两个四码译出日期"三月五日"是________。

41. 用两个四码译出日期"十二月三十一日"是________。

42. 用三个四码译出日期"十月一日十八点"是________。

43. 铁路电报等级按电报的性质和________,分为6种。

44. 有时间性的急报应在__________h 内投递。

45. 出差和执行各项列车乘务工作的__________有权拍发电报。

46. 电报可以使用规定有电报符号的记号及能用__________译成四码的记号和字母。

47. 已经有文电的__________,不准拍发电报。

48. 联合发报时,由主办单位__________即可,但与路外单位联合发报时,必须由路内单位盖章或签字。

49. 根据__________,电报所应配备电报终端、传真机、复印机、录音设备及秒表、计算器、文件柜、交通工具。

50. 电报受理工作是__________的重要环节。

51. 受理电报的当时必须确认有无发报权,__________,发报范围、电报内容、电报等级是否符合规定。

52. 受理电报后,应填记发报所所名、电报号码、等级、日期、受理当时的时间、受理者代号、__________。

53. 受理传真电报应填写传送方向单,对__________应编写电报号码、页数和分页数。

54. 对话传、传真受理的电报,应将电报号码和受理时间通知发电单位,并__________。

55. 发报所将电报发出后发现有错误,收报所尚未投递时,应__________进行更正。

56. 一封电报拍发完毕,应在原稿上填写__________、代号,填写机上日志。

57. 拍发隔日的电报时,应在附注栏内填记__________后发出。

58. 收报员收到电报后,应确认__________,检查显字情况,核对组数,顺通电文,填写机上日志。

59. 电报所向话传单位话传电报时,对音同易混及重要字句__________,并加以解释。

60. 话传电报时,要互报姓名,并将对方的姓名、话传完了的时分和__________填记在原稿上。

61. 电报所向沿线各站办理__________的当时,在原稿上填记:收电单位、送出时间及办理人员代号。

62. 对车递的电报,应按__________办理,收电单位不得拒绝办理。

63. 传输指导行是根据收电单位拍发__________。

64. 传输指导行的电报所名可使用__________、特定略号和统称语略号。

65. 终端通报应符合发报格式,按电报等级、__________拍发。

66. 终端通报应在起始符号 ZCZC 与报头之间加发__________。

67. 各电报所处理申告事项,必须指定__________,及时处理,使申告人得到满意答复。

68. 电报信息管理系统由铁路电报站名略号、部属单位统称语通电略号及全路各电报所__________组成。

69. 电报信息管理系统数据库由铁道部统一修改,各铁路局、分局只允许修改"局属、分局属单位统称语"及使用__________。

70. 各级电务部门必须经常进行通信保密教育,增强报务人员的保密观念,自觉遵守通信纪律,确保__________。

71. 计算发报时间,应自受理时间起,至拍发完了________的时间止(有改条的为改条完了的时间)。

72. 列车电报自受理到发出的时限是________。

73. 计算时限不考虑任何________。

74. 有时间性的急报,自抄收的时间起至________时限为1 h。

75. 普通电报按________投递。

76. 普通电报投递阶段在上午上班至下午下班前2 h抄收的电报,在________投出。

77. 电报业务报告为年报,有国际联运电报业务的局,应________,并注明"国际联运"字样。

78. 统计业务量的受理封数时,要将________的封数分开统计。

79. 报务人员不得私编电报、符号、________。

80. 凡使用铁路电报者均应严格遵守________。

81. 报务人员必须严格遵守通信纪律,非值班人员不得________设备。

82. 统计机上通报业务量时,不但要将收、发报封数分开统计,还要将________的封数分开统计。

83. 报务人员必须妥善保管各种________和文电。

84. 一封电报构成几件差错、错情时,均按________计算。

85. 电报所要建立健全质量管理制度,以预防为主,加强质量管理和________的检查,把好质量关。

86. 电报差错、错情一律按________统计。

87. 传真机应时刻处于________,保证随时收报。

88. 报务人员不得在公共场所、私人通信中及与无关人员谈论工作情况,不得带引________人员进入工作间。

89. 各级电务部门对于因失、泄密或违反通信纪律造成损失者,视________,给予处理。

90. 传真电报根据通报记录判明责任,对于________的,双方各计算一件。

91. 由于办报上的错误,造成差错、错情,由________负责。

92. 机上通报应建立冠流号码,每日________起排列。

93. 每日工作结束后,由________负责核对冠流号码。

94. 发现已投递的电报发错时,应出________进行改正。

95. 普通电报投递阶段在下午下班前2 h至次日上午上班前抄收的电报,在上午上班后________投出。

96. 话传发报,应确认有否发报权,对地名、人名、数字及________应复诵。

97. 原则上由北京向全国各方向运行的列车为________。

98. 原则上以往________运行的列车叫上行列车。

99. 铁路运输业以人公里为单位计量的旅客位移的产品总数,称为________。

100. 铁路运输业以吨公里为单位计量的货物位移的产品总数,称为________。

(二)选择题(将正确答案的代号填入括号内)

【例1】电报差错统计簿保管期限为(　　)年。

(A)20　(B)10　(C)5　(D)3

答案:D。

【例 2】各研究院的统称语通电略号是(　　)。

(A)－YJJ－　(B)－YQY－　(C)－YJY－　(D)－EJY－

答案:C。

【例 3】通报用语"报头"的代字是(　　)。

(A)BT　(B)BH　(C)BS　(D)BA

答案:A。

【例 4】由于办报上的错误,造成直接经济损失,计算(　　)。

(A)电报事故　(B)电报差错　(C)电报错情　(D)电报因素

答案:B。

【例 5】(　　)是铁路分局所在地。

(A)齐齐哈尔　(B)依安　(C)富拉尔基　(D)大庆

答案:A。

1. 处理列车业务,必须在列车到达以前或在列车到达当时送交用户的电报等级是(　　)。

(A)K　(B)J　(C)X　(D)L

2. 拍发特急报的时限为(　　)h。

(A)1.5　(B)2　(C)1　(D)0.5

3. 特定略号只限在(　　)中使用。

(A)电文　(B)报头　(C)发电单位　(D)收电单位

4. 站名略号可在(　　)中使用。

(A)报头　(B)电文　(C)发报单位　(D)收报单位

5. 没有经过报路传递的文字通信(　　)视为电报。

(A)可以　(B)不可以　(C)一般　(D)根据实际情况

6. 电报原稿应由(　　)负责装订,并在封皮上签字或盖章。

(A)夜班值班者　(B)领班　(C)总检者　(D)日班值班者

7. 用户拍发传真电报使用的字体不得小于(　　)号字。

(A)4　(B)5　(C)6　(D)7

8. 普通电报发报时限为(　　)h。

(A)1　(B)1.5　(C)2　(D)2.5

9. 有时间性的急报应在(　　)h 内投递。

(A)0.5　(B)1　(C)1.5　(D)2

10. 优质率办理封数为(　　)的总和。

(A)投递封数　(B)投递封数＋车递封数＋传真封数

(C)投递封数＋话传封数　(D)投递封数＋传真封数

11. 由于办报上的错误,造成直接经济损失,计算(　　)。

(A)电报事故　(B)电报差错　(C)电报错情　(D)电报因素

12. 时限率办理封数为(　　)的总和。

(A)发报封数　(B)投递封数＋发报封数＋传真封数

(C)投递封数+发报封数　(D)投递封数+发报封数+话传封

13. 标准率办理封数为(　　)的总和。

(A)终端发报封数　　　　　(B)传真发报封数

(C)终端发报封数+传真发报封数　　(D)投递封数+发报封数

14. "限定时间到达"的附注略号是(　　)。

(A)XJ　(B)XT　(C)XS　(D)XY

15. "迅速转发、投递"的附注略号是(　　)。

(A)SF　(B)SW　(C)ST　(D)SJ

16. "包括"的附注略号是(　　)。

(A)BK　(B)BS　(C)BF　(D)BH

17. "重号"的附注略号是(　　)。

(A)CH　(B)CS　(C)CF　(D)CX

18. "变更到报所名"的附注略号是(　　)。

(A)BG　(B)BZ　(C)BE　(D)BH

19. "隔日"的附注略号是(　　)。

(A)GD　(B)GS　(C)GR　(D)GG

20. "除去"的附注略号是(　　)。

(A)CQ　(B)GQ　(C)CV　(D)QQ

21. 译电加抄话传统计簿保管期限为(　　)个月。

(A)6　(B)3　(C)8　(D)12

22. 机上发报日志保管期限为(　　)个月。

(A)1　(B)2　(C)3　(D)4

23. 电报原稿保管期限为(　　)个月。

(A)3　(B)6　(C)9　(D)12

24. 电报受理登记簿保管期限为(　　)年。

(A)2　(B)1　(C)3　(D)4

25. 电报投递簿保管期限为(　　)年。

(A)4　(B)3　(C)2　(D)1

26. 按规定使用的传真电报用纸,(　　)K为一页。

(A)16　(B)8　(C)32　(D)12

27. 电报投递挂号登记簿的保管期限为(　　)年。

(A)4　(B)3　(C)2　(D)1

28. 传真电报传送方向单的保管期限为(　　)个月。

(A)3　(B)4　(C)5　(D)6

29. 传真电报机上发报日志保管期限为(　　)个月。

(A)3　(B)6　(C)9　(D)12

30. 机上收报日志保管期限为(　　)个月。

(A)6　(B)2　(C)3　(D)4

31. 报务员工作技术业务综合考核卡片保管期限为(　　)年。

(A)半　(B)1　(C)2　(D)3

32. 计算发报时限(　　)将报路影响的时间扣除。

(A)不考虑　(B)考虑　(C)必要时　(D)特殊情况

33. 传真电报作业中,发生电报差错、错情时,对于不能判明责任的应计算(　　)各一件因素。

(A)收报所　(B)发报所　(C)发、转报所　(D)双方报所

34. 电报的效率指标是以完成的(　　)来衡量的。

(A)优质率　(B)标准率　(C)时限率　(D)标准率和时限率

35. 收报用户收到不是本单位的电报,应该(　　)。

(A)取消　(B)转交收报单位　(C)退回报所　(D)交发报人

36. 电报所向沿线各站办理车递电报时,应在原稿上填记(　　)时间。

(A)收到　(B)发报　(C)受理　(D)送出

37. 各铁路局数据库中心应在每月(　　),根据铁道部的修改电报对本数据库修改的数据进行核对。

(A)20 日　(B)25 日　(C)30 日　(D)15 日

38. 办理电报投递形式有(　　)种。

(A)2　(B)3　(C)4　(D)5

39. 传真电报从受理至发出只准许(　　)次传输。

(A)1　(B)2　(C)3　(D)4

40. 报务员执机时应将(　　)输入终端设备。

(A)代号　(B)姓名　(C)所名　(D)班名

41. 电报发完了应在(　　)上填写发出的时间、代号。

(A)受理本　(B)显示纸　(C)译电稿　(D)原稿

42. 处理人身伤亡事故的电报等级是(　　)。

(A)T　(B)J　(C)X　(D)K

43. 每日工作结束后,由值机员负责核对(　　)。

(A)冠流号码　(B)发报号码　(C)收报号码　(D)记录号

44. 发报译电每页规定以(　　)行为准(包括报头)。

(A)18　(B)20　(C)22　(D)20-22

45. 因故障影响,对无法通知发电用户的电报,应在(　　)做好记录,待故障恢复后发出。

(A)领班日志　(B)机上日志　(C)故障本　(D)交接班日志

46. 受理后的电报发现重号时,要在(　　)上注明"CH"字样。

(A)受理本　(B)重号电报的附注栏　(C)附注栏　(D)原稿

47. 根据收电单位拍发终到电报所名,使用站名略号和(　　)。

(A)特定略号　(B)附注略号　(C)略号　(D)通用略号

48. 银行汇款电报,指银行办理铁路汇款业务按(　　)处理。

(A)急报　(B)特急报　(C)限时报　(D)普通电报

49. 按电报的性质和急缓程度,电报等级共分为(　　)种。

(A)3　(B)4　(C)5　(D)6

50. 传真电报内容是图表时,要求线条不小于(　　)mm。

(A)0.4　(B)0.5　(C)0.6　(D)0.7

51. 铁道部和部内各局级单位的发报范围(　　)。

(A)不限　(B)只限全路各站　(C)只限有关站　(D)只限有关段

52. 用户发传真电报时,必须使用统一规定的(　　)。

(A)信纸　(B)公文纸　(C)传真电报纸　(D)复印纸

53. 铁道第一勘察设计院所在地是(　　)。

(A)兰州　(B)天津　(C)成都　(D)武昌

54. 铁道第二勘察设计院所在地是(　　)。

(A)兰州　(B)天津　(C)成都　(D)武昌

55. 铁道第三勘察设计院所在地是(　　)。

(A)兰州　(B)天津　(C)成都　(D)武昌

56. 铁道第四勘察设计院所在地是(　　)。

(A)兰州　(B)天津　(C)成都　(D)武昌

57. 中铁一局集团有限公司所在地是(　　)。

(A)成都　(B)太原　(C)西安　(D)贵阳

58. 中铁二局集团有限公司所在地是(　　)。

(A)成都　(B)太原　(C)西安　(D)贵阳

59. 中铁三局集团有限公司所在地是(　　)。

(A)成都　(B)太原　(C)西安　(D)贵阳

60. 中铁四局集团有限公司所在地是(　　)。

(A)合肥　(B)太原　(C)西安　(D)贵阳

61. 中铁五局集团有限公司所在地是(　　)。

(A)成都　(B)太原　(C)西安　(D)贵阳

62. 通报用语"电报等级"的代字是(　　)。

(A)DD　(B)DB　(C)DH　(D)DJ

63. 通报用语"报头"的代字是(　　)。

(A)BT　(B)BH　(C)BS　(D)BA

64. 通报用语"补发"的代字是(　　)。

(A)BF　(B)BA　(C)BC　(D)BY

65. 通报用语"电报"的代字是(　　)。

(A)DO　(B)DP　(C)DN　(D)DB

66. 通报用语"取消"的代字是(　　)。

(A)QX　(B)QA　(C)QB　(D)QE

67. 通报用语"日期"的代字是(　　)。

(A)Q　(B)R　(C)Y　(D)P

68. 通报用语"收报单位"的代字是(　　)。

(A)SE　(B)SD　(C)SW　(D)SB

69. 通报用语"改报"的代字是(　　)。

(A)GA　(B)GB　(C)GD　(D)SX

70. 通报用语"寻找"的代字是(　　)。

(A)XY　(B)XP　(C)XC　(D)XZ

71. 通报用语“以前”的代字是(　　)。

(A)YA　(B)YQ　(C)YI　(D)YD

72. 通报用语“附注”的代字是(　　)。

(A)FY　(B)FZ　(C)FD　(D)FH

73. 通报用语“发报单位”的代字是(　　)。

(A)FA　(B)FW　(C)FB　(D)FZ

74. 通报用语“发报所”的代字是(　　)。

(A)FB　(B)FZ　(C)FA　(D)FW

75. 通报用语“通播”的代字是(　　)。

(A)TBN　(B)TBA　(C)TBZ　(D)TBO

76. 通报用语“组数”的代字是(　　)。

(A)ZJ　(B)ZX　(C)ZB　(D)ZS

77. 处理重大灾害的电报等级是(　　)。

(A)J　(B)T　(C)L　(D)X

78. 收报所对于无法投递的电报,应用公电通知(　　),并在收报原稿注明。

(A)发电单位　(B)收电单位　(C)转报所　(D)发报所

79. 电报话传完了的时分和办理人员的代号应填记在(　　)上。

(A)发转报　(B)原稿　(C)投递簿　(D)交接班本

80.(　　)是铁路局所在地。

(A)哈尔滨　(B)齐齐哈尔　(C)牡丹江　(D)佳木斯

81.(　　)是铁路局所在地。

(A)洛阳　(B)郑州　(C)武汉　(D)西安

82.(　　)是铁路集团公司所在地。

(A)长沙　(B)怀化　(C)广州　(D)深圳

83.(　　)是铁路局所在地。

(A)向塘　(B)九江　(C)新余　(D)南昌

84.(　　)是铁路局所在地。

(A)大连　(B)锦州　(C)吉林　(D)沈阳

85.(　　)是铁路局所在地。

(A)呼和浩特　(B)包头　(C)集宁　(D)齐齐哈尔

86.(　　)是铁路局所在地。

(A)徐州　(B)济南　(C)青岛　(D)烟台

87.(　　)是铁路局所在地。

(A)南宁　(B)桂林　(C)柳州　(D)北海

88.(　　)是铁路局所在地。

(A)武威　(B)西宁　(C)银川　(D)兰州

89.(　　)是铁路局所在地。

(A)上海　(B)南京　(C)杭州　(D)合肥

90.(　　)是铁路分局所在地。

(A)临汾　(B)原平　(C)太原　(D)图们

91.(　　)是铁路分局所在地。

(A)郑州　(B)许昌　(C)新乡　(D)安阳

92.(　　)是铁路分局所在地。

(A)汉阳　(B)武汉　(C)江岸　(D)汉口

93.(　　)是铁路分局所在地。

(A)临汾　(B)合肥　(C)济南　(D)济宁

94.(　　)是铁路分局所在地。

(A)合肥　(B)无锡　(C)苏州　(D)上海

95.(　　)是铁路分局所在地。

(A)天津　(B)原平　(C)保定　(D)临汾

96.(　　)是铁路分局所在地。

(A)西昌　(B)安康　(C)广元　(D)绵阳

97.(　　)是铁路分局所在地。

(A)本溪　(B)白城　(C)通化　(D)图们

98.(　　)是铁路分局所在地。

(A)奎屯　(B)吐鲁番　(C)乌西　(D)乌鲁木齐

99.(　　)是铁路分局所在地。

(A)西昌　(B)福州　(C)厦门　(D)鹰潭

100.(　　)是铁路分局所在地。

(A)玉门　(B)武威　(C)金昌　(D)嘉峪关

(三)判断题(正确的画"√",错误的画"×")

【例1】发报时限从上机拍发起计算。(　　)

答案:×。

【例2】用户发报不符合规则规定时,电报所一律拒绝受理。(　　)

答案:×。

【例3】中车北方公司所属车辆厂共有11个。(　　)

答案:×。

【例4】特定所名略号可以在报头中使用。(　　)

答案:√。

【例5】发报译电,对电文中的汉语拼音字母必须用括号围括。(　　)

答案:√。

1. 收到收电单位不属于本所投递的电报按取消处理。(　　)

2. 电报证印日期活字应在每日零时起更换。(　　)

3. 没有盖章的电报可以视为电报。(　　)

4. 用户拍发铁路电报,电报等级可以自行确定。(　　)

5. 部属单位有权拍发至全路各同级单位的电报。(　　)

6. 电报发完后发现报文有错误,可用电话通知对方报所改正。(　　)

7. 电报原稿的保管期限为半年。(　　)

8. 收报过程中除一封正式电报之外的文字都应处理掉。 (　　)

9. 标准发报条件每页规定为 20 行。 (　　)

10. 发报时限从上机拍发起计算。 (　　)

11. 普通电报投递时限划分为两个阶段。 (　　)

12. 报务员工作技术业务综合考核卡片保管期限为两年。 (　　)

13. 路内与路外单位联合发报时,有一方盖章或签字即可。 (　　)

14. 拍发给铁路乘务人员的电报,必须指定能够代其负责收转的铁路单位,但不得指定电报所。 (　　)

15. 拍发电报只限向全路有线电报通信网能够通达的范围内。 (　　)

16. 铁路站名略号的修改权属铁道部电务局。 (　　)

17. 电报信息管理系统数据的修改、核对和日常管理由中心负责。 (　　)

18. 对于用户书面或口头的申告,应由问题发生所在地的电报所受理和处理。 (　　)

19. 收到电报后应在用户保存的发报原稿上加盖电报证印。 (　　)

20. 电报投递挂号登记簿保管期限为半年。 (　　)

21. 拍发给铁路出差人员的电报,必须指定能够代其负责收转的单位。 (　　)

22. 铁路电报工作必须坚持用户至上、质量第一的方针。 (　　)

23. 执行各项列车乘务工作的负责人员有权拍发电报。 (　　)

24. 用户拍发倡议书的电报,电报所有权拒绝受理。 (　　)

25. 某次列车长与乘务员因工作不协调而发生争执,列车长拍发电报向上级领导汇报发生情况。 (　　)

26.《铁路电报管理规则》是办理报话业务的依据。 (　　)

27. 经过报路传递的文字通信按电报办理。 (　　)

28. 收报单位已迁移,到报所确知该单位所在地点,可将收电单位改正后拍发。 (　　)

29. 对话传受理的电报,应将电报号码和受理时间通知发电单位,并报代号。 (　　)

30. 对隔日的电报应在附注栏内填记"GR",注明日期。 (　　)

31. 由于办报上的错误造成电报差错由直接责任者负责。 (　　)

32. 一封电报内容有两处错误,分别被两用户反映,构成错情,应按两件因素计算。 (　　)

33. 机上通报应建立冠流号码,每日零时起排列。 (　　)

34. 某铁路局团委向邻局团委发去贺电,祝贺邻局青工安全生产 5 000 天。 (　　)

35. 某人由于工作不慎将临时定期乘车证丢失,可向有关站段拍发声明电报。 (　　)

36. 每日工作结束后,由收报员负责核对冠流号码。 (　　)

37. 报务员向话传单位话传电报时,对音同易混及重要字句必须复念加以解释。 (　　)

38. 对时间紧迫的电报,要考虑作业时间允许的情况下方可受理。 (　　)

39. 发报所电报的发出时间即为收报所的收到时间。 (　　)

40. 每月业务量统计截止日期统一规定为每月的 30 日。 (　　)

41. 各级监察发往任何单位的电报,均由电报所办理。 (　　)

42. 发报原稿应按照发报冠流号码的顺序每天装订。 (　　)

43. 发报译电每页以 20 行为准(不包括报头),页与页之间升 5 格。 (　　)

44. 各电报所处理申告事项,必须有人负责处理,使申告人得到满意答复。 (　　)

45. 有时间性的急报必须在半小时内投出。（ ）
46. 统计业务量时，对话传受理的电报，受理和话传各算一封。（ ）
47. 对车递、邮寄的电报，应按挂号办理。（ ）
48. 处理人身伤亡事故的电报等级的代字是J。（ ）
49. 填写表报、原始资料时，字迹要清楚正确，所名不得写简称或代字。（ ）
50. 银行办理铁路汇款业务的电报按急报办理。（ ）
51. 各级稽查发往任何单位的电报，均由用户自己办理。（ ）
52. 终端发报封数加传真发报封数的总和即为标准发报率的办理封数。（ ）
53. 电报所投递的电报必须加盖电报证印。（ ）
54. 对投递的传真电报，电报所应使用复印机进行复印后再投递。（ ）
55. 铁路局网路组负责组织分局的电报网路活动。（ ）
56. 译电封数为终端发报译电和收报译电封数的总和。（ ）
57. 发报封数加人工送封数、加车递封数的总和即为时限率办理封数。（ ）
58. 在办理电报的过程中，应采取自检、互检、总检，防止错、漏、丢报。（ ）
59. 传真电报在本所从受理至发出只准许一次传输。（ ）
60. 出差人员拍发电报时，须出示出差证方可拍发电报。（ ）
61. 对违反通信纪律者，应视其情节轻重，适当处理。（ ）
62. 网路活动的日常工作，由局级专职网路调度负责。（ ）
63. 由于交通不便，电报所经与某单位用户商洽，由用户自取电报。（ ）
64. 向两个以上的电报所同时拍发电报时称通播。（ ）
65. 对于时间紧迫的电报，受理所应考虑全程作业的时间，无法完成的可拒绝受理。（ ）
66. 国际电报和时间紧迫的电报按急报处理。（ ）
67. 变更列车运行时间的电报可拍发限时电报。（ ）
68. 铁道部、铁路局、工程局、分局的驻在单位有权拍发铁路电报。（ ）
69. 所有有发报权的单位均可以拍发报捷电报。（ ）
70. 收报用户发现不是本单位的电报，按取消处理。（ ）
71. 用户发报不符合规则规定时，电报所一律拒绝受理。（ ）
72. 电报规则所规定的略号只限在附注中使用。（ ）
73. 发报译电，对电文中的汉语拼音字母必须用括号围括。（ ）
74. 传真机在没有通报的状态下可以关机。（ ）
75. 列车长委托转交车站客运室拍发列车超员电报，电报所提出内容有疑问时，车站客运室必须做出解释和处理。（ ）
76. 发报译电时，收电单位的局尾代字用括号围括，占用一个汉字位置，计算组数。（ ）
77. 铁路局以下的电报所名一律使用站名略号。（ ）
78. 发报用户到电报所查阅电报原稿，电报员找出后即交给用户自己查阅。（ ）
79. 特定所名略号可以在报头中使用。（ ）
80. 发报顺序应按先远后近的原则拍发。（ ）
81. 用户申告的问题不发生在本所可以不处理。（ ）

82. 全路共有 12 个铁路局。 ( )
83. 全路共有 56 个铁路分局。 ( )
84. 不容易通过电流的物质叫半导体。 ( )
85. 成都铁路局共设 6 个铁路分局。 ( )
86. 铁路局以下的电报所名一律使用站名略号。 ( )
87. 呼和浩特铁路局共设 2 个铁路分局。 ( )
88. 分局以下的电报所名一律使用站名略号。 ( )
89. 铁道部部属各单位包括各铁路局、各总公司、各院校、各设计院。 ( )
90. 部属设计院共有 4 个。 ( )
91. ××(地名)设有机车车辆工厂。 ( )
92. ××(地名)设有木材防腐厂。 ( )
93. ××(地名)设有机务段。 ( )
94. ××(地名)设有电务段。 ( )
95. ××(地名)设有通信段。 ( )
96. ××(地名)设有工务段。 ( )
97. ××(地名)设有水电段。 ( )
98. ××(地名)设有供电段。 ( )
99. ××(地名)设有工务段。 ( )
100. ××(地名)是一等站。 ( )

(四)简答题

【例 1】电报改条内容是什么?

答案:改条内容:发报所名,电报号码(必要时告知有关收电单位)订正事项,发报所名、时间和代号。

【例 2】受理电报应确认哪些事项?

答案:受理当时必须确认有无发报权,收报单位是否明确,发报范围、电报内容、电报等级是否符合规定。对时间紧迫的电报,要考虑全程作业时间。

【例 3】投递封数如何计算?

答案:每投递一封计算一封。

1. 请按铁路线写出本局与邻局管辖的分界站各是哪些站?
2. 请按铁路线写出本分局与相邻分局管辖的分界站各是哪些站?
3. 请按铁路线写出本电报所与相邻电报所管辖的分界站各是哪些站?
4. 本局管辖内有哪几个分局?
5. 本分局(局)管辖内有哪几个电报所?
6. 本分局(局)管辖内有哪几个特等站? 哪几个一等站?
7. 本分局(局)管辖内有哪几个机务段?
8. 本分局(局)管辖内有哪几个车辆段?
9. 各铁路局电报所名特定略号是什么?
10. 铁道部电报所特定略号是什么? 中国铁道建筑总公司电报所特定略号是什么?

11. 传真发报有哪些要求？
12. 传真收报有哪些要求？
13. 哪些情况下可以拍发急报？
14. 电报等级分为哪几种？其代字分别是什么？
15. 改报的标志行是什么？
16. 部属单位发报范围是如何规定的？
17. 基层单位发报范围是如何规定的？
18. 哪些情况不准拍发电报？
19. 铁路单位与路外单位联合发报是如何规定的？
20. 电报规定应使用哪些文字、符号、记号？
21. 受理电报应确认哪些事项？
22. 受理电报后应填记什么内容？
23. 电报拍发顺序是如何规定的？
24. 电报改条内容是什么？
25. 一封电报拍发完了，应在原稿上填写什么？
26. 收报员收到终端电报后，应确认的内容是什么？
27. 电报所向话传单位话传电报时如何办理？
28. 电报所向沿线单位车递电报时应如何办理？
29. 构成电报错情的条件是什么？
30. 限1.5 h以内发出的电报有哪几类？
31. 发报时限如何计算？
32. 按两个阶段投递电报，时间是如何划分的？
33. 标准发报条件是什么？
34. 优质电报的条件是什么？
35. 受理电报封数如何计算？
36. 发报封数如何计算？
37. 收报封数如何计算？
38. 发报译电封数如何计算？
39. 加抄封数如何计算？
40. 投递封数如何计算？
41. 车递封数如何计算？
42. 话传封数如何计算？
43. 本分局(局)管辖内有哪几个机务段？哪几个工务段？
44. 本局管辖内供电段、电力机务段各有多少个？分别设在什么地方？
45. 总的电报业务量是哪些电报业务量之和？

(五)综合题

【例 1】编定列车上下行车次的原则是什么？

答案：原则上以开往北京方向为上行，上行列车车次编为双数；由北京向全国各方向运行的为下行，下行列车车次编为单数。

【例 2】计算优质电报率的办理封数是哪几项业务量之和？优质电报率的计算公式是什么？

答案：优质电报率的办理封数是到报投递封数、车递封数、传真封数的三项业务量之和。

公式是：$优质电报率=\frac{办理封数-非优质封数}{办理封数}$

1. 报务人员的岗位专责制的内容是什么？
2. 报务人员必须严格遵守哪些通信纪律和保密事项？
3. 初级电报员要求熟记常用标准电码多少个字？常用站名略号多少个？
4. 初级电报员机上发报速度要求达到四码多少组？汉语拼音多少组？
5. 编定列车上下行车次的原则是什么？
6. 行车事故的分类有哪几种？
7. 铁路公务信息系统中包括哪些内容？
8. 怎样查找铁路电报站名略号？
9. 计算优质电报率的办理封数是哪几项业务量之和？优质电报率的计算公式是什么？
10. 计算标准发报率的办理封数是哪几项业务量之和？标准发报率的计算公式是什么？
11. 计算时限率的办理封数是哪几项业务量之和？时限率的计算公式是什么？
12. 什么是安全电压？安全用电方法有哪些？
13. 什么是电流？电流用什么字母来表示？
14. 什么是电压？电压用什么字母来表示？
15. 什么是电阻？电阻用什么字母来表示？
16. 什么是电容器？什么是电容？电容用什么字母来表示？
17. 什么是电功率？电功率用什么字母来表示？
18. 加强业务管理应树立的四个基本观点是什么？
19. 什么叫直流电流？什么叫交流电流？
20. 什么叫导体？什么叫绝缘体？什么叫半导体？

二、初级铁路报务员知识要求部分练习题答案

(一)填空题

1. 电码索引;
2. 有关附表;
3. 电码的顺序;
4. 电报所名及所名略号;
5. 笔划数;
6. 第一个拼音;
7. 基础;
8. 各种略号;
9. 拉丁字母;
10. 汉语方言;
11. 加 e;
12. 印刷体;
13. 句子开头;
14. 拉丁字母;
15. 阴平-、阳平ˊ、上声ˇ、去声ˋ;
16. 8.15;
17. 22.30;
18. 附注略号;
19. 尾部字母;
20. 第一个字母;
21. 经营服务;
22. 信息传递;
23. 收报作业标准;
24.《作业标准》;
25. 代号;
26. 业务指标;
27. 交班清;
28. 维修部门;
29. 搞好团结协作;
30. 优质、高效;
31. 优质服务;
32. 业务技能;
33. 服从命令;
34. 请、您、好、谢谢、对不起、不客气;
35.《铁路电报管理规则》;
36. 根本保证;
37. 电报通信网;
38. 全路各间级单位;
39. 能够代其负责收转;
40. 9703 9905;
41. 9712 9931;
42. 9710 9901 9818;
43. 急缓程度;
44. 1;
45. 负责人员;
46. 标准电码本;
47. 重复通知;
48. 盖章或签字;
49. 业务需要;
50. 保证电报质量;
51. 收电单位是否明确;
52. 必要的附注;
53. 多页电报;
54. 互报姓名或代号;
55. 拍发改条;
56. 发出的时间;
57. "GR";
58. 收、发电单位;
59. 必须复念;
60. 办理人员的代号;
61. 车递电报;
62. 挂号;
63. 终到电报所名;
64. 站名略号;
65. 受理时间顺序;
66. 传输指导行;
67. 专人负责;
68. 投递范围数据库;
69. 查询功能;
70. 通信秘密;
71. 交换机给收据;
72. 1.5 h;
73. 客观因素;
74. 用户签收;
75. 两个阶段;
76. 下午下班前;
77. 分别填报;
78. 传真和终端;
79. 密语、密码;
80.《铁路电报管理规则》;
81. 擅自动用;
82. 传真和终端收、发报;
83. 原始资料;
84. 一件;
85. 作业过程中;
86. 发现日期;
87. 开机状态;
88. 与工作无关;
89. 情节轻重;
90. 不能判明责任;
91. 直接责任者;
92. 零时自一号;
93. 值机者;
94. 公电;
95. 2 h内;
96. 易混字句;

97. 下行列车；　98. 北京方向；　99. 旅客周转量；
100. 货物周转量。

(二)选择题

1.D；　2.A；　3.B；　4.A；　5.B；　6.A；　7.A；
8.C；　9.B；　10.B；　11.B；　12.B；　13.C；　14.C；
15.C；　16.A；　17.A；　18.A；　19.C；　20.A；　21.D；
22.C；　23.A；　24.B；　25.D；　26.A；　27.D；　28.A；
29.A；　30.C；　31.B；　32.A；　33.D；　34.C；　35.C；
36.D；　37.A；　38.C；　39.A；　40.A；　41.D；　42.A；
43.A；　44.B；　45.D；　46.B；　47.A；　48.A；　49.D；
50.B；　51.A；　52.C；　53.A；　54.C；　55.B；　56.D；
57.C；　58.A；　59.B；　60.A；　61.D；　62.D；　63.A；
64.A；　65.D；　66.A；　67.B；　68.C；　69.B；　70.D；
71.B；　72.B；　73.B；　74.A；　75.D；　76.D；　77.B；
78.A；　79.B；　80.A；　81.B；　82.C；　83.D；　84.D；
85.A；　86.B；　87.C；　88.D；　89.A；　90.C；　91.A；
92.B；　93.C；　94.D；　95.A；　96.B；　97.C；　98.D；
99.B；　100.B。

(三)判断题

1.×；　2.√；　3.×；　4.×；　5.√；　6.×；　7.×；
8.×；　9.√；　10.×；　11.√；　12.×；　13.×；　14.√；
15.√；　16.×；　17.×；　18.×；　19.×；　20.×；　21.×；
22.√；　23.√；　24.×；　25.×；　26.×；　27.√；　28.×；
29.×；　30.×；　31.√；　32.×；　33.×；　34.√；　35.×；
36.×；　37.√；　38.×；　39.×；　40.×；　41.√；　42.×；
43.×；　44.×；　45.×；　46.×；　47.√；　48.×；　49.√；
50.√；　51.×；　52.√；　53.√；　54.√；　55.×；　56.×；
57.×；　58.√；　59.√；　60.×；　61.√；　62.×；　63.√；
64.√；　65.√；　66.√；　67.×；　68.√；　69.√；　70.×；
71.×；　72.×；　73.√；　74.×；　75.√；　76.×；　77.×；
78.×；　79.√；　80.×；　81.×；　82.×；　83.×；　84.×；
85.×；　86.×；　87.×；　88.√；　89.√；　90.√；
91～100. 各主考单位结合本局实际，写出标准答案。

(四)简答题

1. 答：各局根据本局的实际确定答案。

2. 答：各局根据本局的实际确定答案。

3. 答：各局根据本局的实际确定答案。

4．答：各局根据本局的实际确定答案。

5．答：各局根据本局的实际确定答案。

6．答：各局根据本局的实际确定答案。

7．答：各局根据本局的实际确定答案。

8．答：各局根据本局的实际确定答案。

9．答：哈尔滨局HB，沈阳局SY，北京局BJ，郑州局ZZ，济南局JN，上海局SH，柳州局LZ，成都局CD，兰州局LJ，昆明局KM，南昌局NG，呼和浩特局HH，乌鲁木齐局WM，广州铁路（集团）公司GZ。

10．答：铁道部电报所特定略号是TB。中国铁道建筑总公司电报所特定略号是ZB。

11．答：（1）传送前，应检查报头各项内容，根据传送方向单的发往电报所名，按照电报等级、受理时间顺序设定传送方向进行传送。

（2）为保证传真电报的质量，根据用户书写字迹的深浅，相应调整深浅度。

（3）传送完了，电话要收据，填写传送方向单，同时填写机上日志。多封电报可逐个传完后按以上规定办理。

12．答：（1）收报要确认收电单位，检查报面是否完整、端正、字迹清晰，按收报作业标准进行处理。

（2）对投递的电报应使用复印机进行复印。

（3）一日工作结束后，要与发报所核对封数，同时取出"通报记录"再行核对。

13．答：电报内容是指铁道部、部属公司、铁路局、工程局和铁路分局的紧急命令、指示、时间紧迫的会议通知、列车改点、变更到站和收货人、车辆甩挂、超限货物运行及行车设备施工、停用、开通、限速的电报，国际联运公务电报及其他时间紧迫的电报。

14．答：分为6种，名称代字如下：特急电报T，急报J，限时电报X，列车时报L，银行汇款电报K，普通电报P。

15．答：改报的标志行是：……GB……。

16．答：可发至全路各同级单位，但不得发全路各站、段。

17．答：基层单位只能发至本局和外局有关单位。

18．答：下列情况不准拍发电报：

（1）处理个人私事（由组织领导处理职工个人的问题不在此限）的电报；

（2）已经有文电的重复通知；

（3）由于工作不协调，互相申告（执行列车乘务工作的负责人，在列车运行中向上级领导汇报列车运行中发生的问题不在此限）的电报。

19．答：铁路单位与路外单位联合发报时，必须由路内单位盖章或签字。

20．答：（1）汉字及标点符号；

（2）汉语拼音字母；

（3）阿拉伯数字；

（4）规定有电报符号的记号和能用标准电码本译成四码的记号和字母。

21．答：受理当时必须确认有无发报权，收报单位是否明确，发报范围、电报内容、电报等级是否符合规定。对时间紧迫的电报，要考虑全程作业时间。

22．答：应填记发报所所名、电报号码、等级、日期、受理当时的时间（写法为24.00，0.01，8.15）、受理者代号、必要的附注（重号时在重号的附注栏内填写"CH"，重号或脱号时，在受理登记簿上注明“某号重号或某号脱号”字样)，并在用户保存的发报原稿上加盖电报所受理印章。

23. 答:拍发顺序应按电报等级，等级相同的按受理时间先后拍发。

24. 答:改条内容:发报所名，电报号码(必要时告知有关收电单位)、订正事项、发报所名、时间和代号。

25. 答:应在原稿上填写发出的时间、代号，填写机上日志。

26. 答:应确认收、发电单位，检查显字情况，核对组数，顺通电文，填写机上日志。

27. 答:话传时，对音同易混及重要字句必须复念加以解释，话传完了，互报姓名，并将对方的姓名、话传完了的时分和办理人员的代号填写在原稿上。

28. 答:在原稿上填写:收电单位、送出时间及办理人员代号。对车递的电报，按挂号办理。

29. 答:由于办报上的错误，造成错漏发、收、译、投，经用户反映，计算电报错情。

30. 答:有特急电报、急报、列车电报、限时电报、银行汇款电报等五类。

31. 答:自受理时间起，至拍发完了交换机给收据的时间止(有改条的为改条完了时间)。

32. 答:上午上班至下午下班前两小时抄收的电报，在下午下班前投出；下午下班前两小时至次日上午上班前抄收的电报，在上午上班后两小时内投出。

33. 答:指导行正确，报头完整，组数正确，收电单位明确，电文无误，有标点符号，符合发报译电格式。

34. 答:格式标准、字体清晰、填改字体正确、印鉴端正清楚、日期正确。

35. 答:每受理一封计算一封，话传受理的只计算受理封数，不计算话传封数。

36. 答:每封电报每发一个电报所计算一封。

37. 答:每收一封计算一封。

38. 答:每译电一封计算一封，译电封数也就是终端电报的受理封数。

39. 答:按实际投递封数加抄，加抄一封计算一封数。

40. 答:每投递一封计算一封。

41. 答:每车递一封计算一封。

42. 答:每话传一个单位计算一封(同时话传几个单位计算几封)。

43. 答:各主考单位结合本局实际写出标准答案。

44. 答:各主考单位结合本局实际写出标准答案。

45. 答:是受理(电报终端和传真)封数、机上通报(终端和传真的收发报)封数、发报译电封数、加抄封数、到报投递(人工投递、车递、话传、传真)封数之和。

(五)综合题

1. 答:(1)在领班的领导下，严格执行《铁路电报管理规则》等各项规章制度，坚守工作岗位，遵章守纪，服从命令、听指挥，准确、迅速地完成电报传递任务。

(2)做到语言文明、态度和蔼，用好“请、您好、谢谢、对不起、不客气”等工作用语，提供优质服务。

(3)树立全程全网观念，积极参加网路活动，主动搞好团结协作。

(4)按照《铁路职业技能标准》和《作业标准》的要求，努力学习技术业务，熟练掌握操作技能，提高服务水平。

(5)爱护设备,及时向维修部门反映报路、设备质量上存在的问题。

(6)认真执行交接班制度,做到交班清、接班明。

(7)正确填记原始记录,统计个人业务指标。

(8)完成领导交办的其他任务。

2. 答:(1)非值班人员不得擅自动用设备。

(2)不得私编电报、符号、密语、密码。

(3)不得在公共场所、私人通信及与无关人员谈论工作情况,不得带引与工作无关人员进入工作间。

(4)妥善保管各种原始资料和文电。

3. 答:熟记常用标准电码 1 000 个字;常用站名略号 100 个。

4. 答:四码 50 组/分钟;汉语拼音 25 组/分钟。

5. 答:原则上以开往北京方向为上行,上行列车车次编为双数;由北京向全国各方向运行的为下行,下行列车车次编为单数。

6. 答:铁路行车事故按照事故的性质、损失及对行车造成的影响可分为重大事故、大事故、险性事故、一般事故。

7. 答:包括:铁路公务电话、铁路公务电报、铁路公文传真、铁路会议电话、铁路数据通信。

8. 答:(1)按站名第一个字的笔划,参照"站名首字检字表(一)"查找。

(2)按站名第一个字的拼音,参照"站名首字汉拼检字表(二)"查找。

9. 答:优质电报率的办理封数是到报投递封数、车递封数、传真封数的三项业务量之和。

公式是:$优质电报率=\dfrac{办理封数-非优质封数}{办理封数}$

10. 答:标准发报率的办理封数是终端发报封数与传真发报封数之和。

公式是:$标准发报率=\dfrac{办理封数-非标准报封数}{办理封数}$

11. 答:时限率的办理封数是终端发报封数、传真发报封数、到报人工投递封数、传真投递封数四项业务量之和。

公式是:$时限率=\dfrac{办理封数-超限封数}{办理封数}$

12. 答:安全电压是指人体偶然触及后没有生命危险的电压,安全电压一般不超过36 V。安全用电方法有:

(1)经常对用电设备进行检查,防止用电设备破皮裸露后对人身安全造成危害。

(2)对通电设备性能不了解不任意拆卸,以免造成损坏。

(3)电设备要正确接地线。

(4)电设备均要安装熔断器(熔丝)。

(5)为保证人身安全,有条件时要用安全电压。

13. 答:电荷有规则的运动称为电流。电流用字母 I 来表示。

14. 答:电路中任何两点之间的电位差称为此两点间的电压。电压用字母 U 来表示。

15. 答:导体对通过它的电流所呈现的阻力,称为电阻。电阻用字母 R 来表示。

16. 答:能储存电荷的容器叫电容器。电容器的两个极板之间有电位差时,在极板上所储存的电量,称为电容。电容用字母 C 来表示。

17. 答:电源对负载单位时间内电流所做的功叫电功率。电功率用字母 P 来表示。

18. 答:四个基本观点是:全心全意为用户服务观点,“质量第一”的观点,下道工序就是用户的观点,全程全网的观点。

19. 答:电流的大小和方向都不随着时间的变化而变化,这种电流称为直流电流(如日常所用的干电池、蓄电池所供的电流为直流电流)。电流的大小或方向随着时间的变化而变化,这种电流称为交流电流(如电力电网提供的日常照明用的电流为交流电流)。

20. 答:容易通过电流的物质叫做导体(如银、铜、铝、铁等物质)。不容易通过电流的物质,叫做绝缘体(如玻璃、云母、陶瓷、胶木等物质)。通过电流的能力介于导体与绝缘体之间的物质,叫做半导体(如硅,这些物质中掺有某些杂质后,就会形成半导体)。

三、初级铁路报务员技能要求部分演练题

(一)题　　目

1. 发送电报汉字稿(100 分)。
2. 站名、站名略号互译(100 分)。
3. 发送四码稿(100 分)。
4. 发送汉语拼音字母稿(100 分)。
5. 受理电报(100 分)。
6. 受理传真电报(100 分)。
7. 发报译电(100 分)。
8. 机上发报(100 分)。
9. 机上拍发传真电报(100 分)。
10. 机上收报(100 分)。
11. 机上收传真报(100 分)。
12. 到报译电(100 分)。
13. 投递(100 分)。
14. 电报原稿检查(100 分)。
15. 电报原稿整理(100 分)。

(二)考核要求和内容

1. 发送电报汉字稿

(1)一封有意义的电报汉字稿,报头 6 项,收电单位 20 组,电文及发电单位合计 320 组;

(2)报文中使用的汉字不超过常用四码 1 000 组的范围;

(3)正确操作智能终端机;

(4)报头和收、发电单位及电文的发送要正确;

(5)指导行根据收电单位正确配发;

(6)考核时间:15 min;

(7)安全文明生产:①能正确执行安全技术操作规程;②能做到工作场地整洁,坐姿标准,工作着装规范。

2. 站名、站名略号互译

(1)站名、站名略号各 50 个;

(2)在常用站名略号 200 个中选择;

(3)站名、站名略号的互译要正确、迅速;

(4)考核时间:20 min;

(5)安全文明生产:①能正确执行安全技术操作规程;②能做到工作场地整洁,坐姿标准,工作着装规范。

3. 发送四码稿

(1)试卷为无意义的400组四码稿,微机打印稿;

(2)发报正确、迅速,符合标准要求;

(3)发报每分钟50组,并全部正确为满分;

(4)考核时间:8 min;

(5)安全文明生产:①能正确执行安全技术操作规程;②能做到工作场地整洁,坐姿标准,工作着装规范。

4. 发送汉语拼音字母稿

(1)试卷为200组的汉语拼音字母稿(5个字母组成一组),微机打印稿;

(2)发报正确、迅速,符合标准要求;

(3)发报每分钟25组,并全部正确为满分;

(4)考核时间:8 min;

(5)安全文明生产:①能正确执行安全技术操作规程;②能做到工作场地整洁,坐姿标准,工作着装规范。

5. 受理电报

(1)受理时确认发报权、范围、印鉴或签字,是否有拟稿人姓名、电话号码,对监察、稽查、审计、乘务和出差人员的电报,在原稿空白处填记证件名称及号码;

(2)确认收电单位是否明确;

(3)顺通电文,标点符号是否完整,字迹是否清楚,有疑问时,要问明标清;

(4)根据电报急缓及设备情况,与用户商洽等级,对紧急电报应加标记,考虑全程时限,及时处理;

(5)填写受理登记簿的同时,在双方原稿上填写发报所所名、电报号码、等级、日期、受理当时的时间及受理者代号;

(6)话传发报,应确认有否发报权,对地名、人名、数字及易混字句应复诵。将电报号码、受理时间通知发电单位,并互报姓名或代号;

(7)考核时间:15 min;

(8)安全文明生产:①能正确执行安全技术操作规程:②能做到工作场地整洁,坐姿标准,工作着装规范。

6. 受理传真电报

(1)使用传真电报纸,无删改填补,传送图表符合规定尺寸,印章端正不与文字重叠;

(2)认真填写“传真电报传送方向单”,多页电报按规定填写页数与分页数;

(3)受理时确认发报权、范围、印鉴或签字,是否有拟稿人姓名、电话号码,对监察、稽查、审计、乘务和出差人员的电报,在原稿空白处填记证件名称及号码;

(4)确认收电单位是否明确;

(5)顺通电文,标点符号是否完整,字迹是否清楚,有疑问时,要问明标清;

(6)根据电报急缓及设备情况,与用户商洽等级,对紧急电报应加标记,考虑全程时限,及时处理;

(7)填写受理登记簿的同时,在双方原稿上填写发报所所名、电报号码、等级、日期、受理当时的时间及受理者代号;

(8)考核时间:15 min;

(9)安全文明生产:①能正确执行安全技术操作规程;②能做到工作场地整洁,坐姿标准,工作着装规范。

7. 发报译电

(1)根据用户发报稿,按规定的电报格式和方法进行发报译电;

(2)掌握译电方法,正确使用局尾代字;

(3)认真校(核)对,念准听清,对同音异字加以解释,校对后,查对组数,正确配报,签代号;

(4)符合标准发报条件;

(5)考核时间:平均 300 字12 min;

(6)安全文明生产;①能正确执行安全技术操作规程;②能做到工作场地整洁,坐姿标准,工作着装规范。

8. 机上发报

(1)使用智能终端机向自动交换机通报时,应确认指导行,按先急后缓原则,顺序拍发;

(2)电报发完后,确认收电单位与指导行是否相符,填写机上日志;

(3)正确使用机上通报(微机命令)用语;

(4)考核时间:根据实际情况定;

(5)安全文明生产:①能正确执行安全技术操作规程;②能做到工作场地整洁,坐姿标准,工作着装规范。

9. 机上拍发传真电报

(1)传送前,应检查报头各项内容,根据传送方向单的发往电报所名,按照电报等级、受理时间顺序设定传送方向进行传送;

(2)为了保证传真电报的质量,根据用户书写字迹的深浅情况,相应调整浓淡度;

(3)电报传送完了,电话要收据,填写传送方向单,同时登记机上日志;

(4)考核时间:根据实际情况定;

(5)安全文明生产:①能正确执行安全技术操作规程;②能做到工作场地整洁,坐姿标准,工作着装规范。

10. 机上收报

(1)确认收、发电单位,检查显字情况,核对组数,顺通电文,遇有疑问追查到底,发现误发时,通知发报所更正;

(2)正确处理配报,注意附注,遇急报或有时间性的报应做标记,及时处理,正确填写机上日志;

(3)收到改条后正确处理;

(4)考核时间:根据实际情况定;

(5)安全文明生产:①能正确执行安全技术操作规程;②能做到工作场地整洁,坐姿标准,工作着装规范。

11. 机上收传真报

(1)确认收电单位,发现误传时通知发报所更正;

(2)检查报面完整、端正、字迹清晰,按收报作业标准进行处理;

(3)对投递的电报,使用复印机进行复印;

(4)考核时间:根据实际情况定;

(5)安全文明生产:①能正确执行安全技术操作规程;②能做到工作场地整洁,坐姿标准,工作着装规范。

12. 到报译电

(1)检查显字情况,对未译出的汉字要填写正确,对无用的符号要抹净,核对份数,纸张大小要符合标准,对多页报顺序装订;

(2)加盖电报证印、正确配报;

(3)考核时间:5 封 2 页电报10 min;

(4)安全文明生产:①能正确执行安全技术操作规程;②能做到工作场地整洁,坐姿标准,工作着装规范。

13. 投递

(1)按投递径路分检,登投递簿,认真做到“三核对”,即:投递前,配送单位与收电单位、投递簿核对;投递中,配报单位、电报号码与收电单位核对;投递后,对用户签章(字)、收到时间核对;

(2)有时间性的急报1 h内投递;普通电报按“二个阶段”投递,投递后送报员签代号;

(3)考核时间:20 封电报分检登记15 min;

(4)安全文明生产:①能正确执行安全技术操作规程;②遵守交通规则,注意人身安全。

14. 电报原稿检查

(1)在办理电报过程中,应采取自检、互检、总检,防止错、漏、丢报;

(2)发报应检查发往的电报所名与收电单位及其他事项是否相符;

(3)到报应检查收电单位与投递单位是否相符;

(4)其他有无错漏之处;

(5)由检查者签字或盖章;

(6)考核时间:20 封收发报20 min;

(7)安全文明生产:①能正确执行安全技术操作规程;②能做到工作场地整洁,坐姿标准,工作着装规范。

15. 电报原稿整理

(1)发报:按照受理电报号码的顺序;

(2)到报:按照收报冠流号码的顺序;

(3)检查者在封皮上签字或盖章;

(4)对受理中的重号、脱号电报,在封皮上做标记;

(5)考核时间:10 min;

(6)安全文明生产:①能正确执行安全技术操作规程;②能做到工作场地整洁,坐姿标准,工作着装规范。

第二部分　中　级　工

一、中级铁路报务员知识要求部分练习题

(一)填空题(将正确答案填在横线空白处)

【例 1】各级监察、稽查、出差和乘务人员在话传单位发报时,应由________向电报所证明后,再行办理。

答案:话传单位。

【例 2】报务员工作技术业务综合考核卡片的保管期限从使用完后________计算。

答案:次日起。

【例 3】填写铁路电报业务报告时,电报人员数量应按________统计。

答案:年末的现状。

【例 4】目前用智能终端拍发急报的费率是________。

答案:0.2 元 /分钟。

【例 5】发报时因收报单位统称语不同而收报所名相同的,可以使用同一个通电略号在________出现。

答案:指导行。

1. 电报信息管理系统由铁路________、部属单位统称语通电略号及全路各电报所投递范围数据库组成。

2. 用户对其交发或收到的电报,认为有错误或时间延误可向________提出申告。

3. 用户发报须由发报________签发。

4. 各级监察、稽查、乘务和出差人员发往________的电报,均由电报所办理。

5. 报务人员要认真执行________,做到交班清、接班明。

6. 报务人员在领班领导下,严格执行《铁路电报管理规则》等各项规章制度,坚守工作岗位,服从命令、听指挥,________地完成电报传递任务。

7. 用户的传真发报,公章不得压正文,盖在________上。

8. 话传单位的发报经办人员,由________后,向电报所办理登记。

9. 铁路沿线各单位发、收电报可用________的方式。

10. 按照《铁路职业技能标准》和《作业标准》的要求,报务员要努力________,熟练掌握操作技能,提高服务本领。

11. 各级监察、稽查、出差和乘务人员在话传单位发报时,应由________向电报所证明后,再行办理。

12. 用户拍发传真电报时,一律使用________的传真电报用纸。

13. 报务人员要爱护设备,及时向维修部门反映报路、________存在的问题。

14. 已经受理的电报,电报尚未发出时,发电单位要求________,必须提出加盖原发电

单位印鉴的书面证明，通知电报所取消。

15. 已经受理的电报，发电单位要求取消或修改，如果电报已经发出，由________自行处理。

16. 受理有一部分收电单位不经过报路的电报，本地区的投递单位与所管辖的沿线各单位的电报，由____办理。

17. 电报所向传真收电单位________时，应填写传送方向单，保证报面清晰完整，页数正确。

18. 报路发生故障短期不能恢复时，要向________，停止受理。

19. 发报译电时，收电单位中地名与地名、单位与地名之间加________区分，省略顿号。

20. 译电时，对未规定四码的"镕"字在附注栏内说明该字的写法为________。

21. 发报译电使用统称语时，单位与单位之间加________。

22. 电报的效率指标是以完成电报的________来衡量的。

23. 发报译电时，收电单位为铁道部机关及________时，省略局尾代字。

24. 报务员工作技术业务综合考核卡片的保管期限从使用完后________计算。

25. 电报的质量指标是以完成电报的________来衡量的。

26. 指导行里同时出现两个及以上通电略号时，如其中一个能包括另一个略号的收报所时，只打一个________的通电略号。

27. 收电单位为铁路局、铁路分局及________，译电时必须冠局尾代字，其代字加在单位名称的后面。

28. 收电单位使用的局尾代字不用括号围括，占用________，计算组数。

29. 报话差错、错情、不良反映统计簿的保管期限从使用完后________计算。

30. 发报时因收报单位统称语不同而收报所名相同的，可以使用________在指导行里出现。

31. 为了保证传真电报的质量，发报时应根据用户书写________，相应调整浓淡度。

32. 铁路局、铁路分局电报所发报时，一封电报的指导行中有通电略号又有管外的电报所名时，要________，分别拍发。

33. 国际联运电报传输指导行________拍发 G。

34. 电报信息管理系统设备投入使用后，应处于________，保证随时接收信息及提供查询服务。

35. 用传真发报传完后，用电话要收据，填写传送方向单，同时登________。

36. 电报投递以人工取送、话传、车递、________4 种方式办理。

37. 传送电报前，应检查报头各项内容，根据传送方向单的发往电报所名，按照电报等级、________设定传送方向进行传送。

38. 传真电报在本所从________只准许一次传输，以保证报面清晰度。

39. 电报所收到并转或转交的电报，应________，同时投递给被委托转交的收电单位。

40. 收电单位名称不明确的电报，收报所要负责和________，确认收电单位后，进行投递，并用公电通知发电单位。

41. 各铁路局、分局数据库中心收到修改电报信息后，应及时检查、核对________变化情况。

42. 各级管理机关有监督所属各电报所正确、及时处理申告的责任,并________。

43. 各级电报网路组织是根据全路电报业务及________而设置的。

44. 电报所要根据质量管理要求,认真填写________,定期分析安全、生产情况,采取措施,提高电报质量和服务水平。

45. 执行列车乘务工作的负责人,在________,不得重复拍发同一内容的电报。

46. 译电时,电文中的电报发文号应在正文之后另起一行空________组。

47. 执行临时列车乘务工作的负责人拍发电报时,应写明经由区间,并在附注栏内注明本次列车在发报站的________。

48. 终端发报应符合规章规定发报格式,按电报________顺序拍发。

49. 收报所对于无法投递的电报,应用公电________,并在收报原稿注明。

50. 用户收报时,应在电报投递簿上________,同时填写收到时分。

51. 收报用户发现不是本单位的电报,应立即________。

52. 电报所用终端发报时,要根据用户的发报稿,按规定的________和方法进行发报译电,经过校对无误后再行拍发,禁止先发后校对。

53. 对收、发电单位和________的数目字、汉语拼音字母、符号必须用括号围括。

54. 可直接译电的定型字“合”的四码是________。

55. 用户发报不符合电报管理规则的规定时,应向用户耐心解释,________。

56. 收电单位中隶属单位出现两个以上地名时,如铁路工程局、勘察设计院、通号公司等单位不在局、院、公司所在地时,表示隶属关系可省略________的地名。

57. 译电时,电文中带分数“$2\frac{1}{2}$”应译为________。

58. 译电时,电文中遇有英语字母与分数连写时,如“JWCXO $\frac{1}{HO\cdot H}$”应译为________。

59. 电报所投递的电报,必须加盖________,及时向收电单位投递。

60. 在办理电报过程中,应进行________,防止错、漏、丢报。

61. 填写铁路电报业务报告时,电报人员数量应按________统计。

62. 传真标准发报条件是报头完整、报面整洁、________、编页正确。

63. 电报业务日计表的保管期限是________。

64. 报务员要树立全程全网观念,积极参加网路活动,主动搞好________。

65. 一封电报拍发完毕,应在________填写发出的时间、代号,填写机上日志。

66. 受理电报时,对时间紧迫的电报,应考虑________时间。

67. 向发电单位出公电是以________拍发的。

68. 铁路电报工作必须坚持________的方针。

69. 夜间检查到报时,应重点检查________是否相符。

70. 投递电报按投递径路分检,登投递簿,认真做到________。

71. 遵守通信保密和通信纪律是做好电报工作的根本保证,是报务人员应具备的________。

72. 夜间检查发报时,应重点检查发往的________与该报的收电单位是否相符。

73. 规章规定每月业务量统计截止日期为________。

74. 报务人员收到电报后,要根据收电单位复印足够份数,加盖________,正确配报。

75. 可直接译电的定型字“铪”的四码是__________。

76. 发报单位的公章和单位负责人的名章(或签字)应事先向电报所__________,否则不能拍发电报。

77. 电报终端设备接收电报的时间,即为__________的收到时间。

78. 可直接译电的定型字“钣”的四码是__________。

79. 发报译电格式规定电文开始要空__________组。

80. 铁路电报是铁路单位在行政管理过程中形成的具有法定效力和__________的文字材料,使用铁路电报应符合《铁道部公文处理办法》的有关规定。

81. 拍发一封电报全程出现两种传输方式时,应使用__________进行传递。

82. 特急电报、列车电报、银行汇款电报、限时电报的费率按__________标准。

83. 目前用智能终端拍发急报的费率是__________。

84. 目前用智能终端拍发普报的费率是__________。

85. 目前拍发传真急报的费率是__________。

86. 目前拍发传真普报的费率是__________。

87. 本分局(局)管辖的电务段有__________电务段。

88. 本分局(局)管辖的工务段有__________工务段。

89. 本分局(局)管辖的机务段有__________机务段。

90. 本分局(局)管辖的车务段有__________车务段。

91. 本分局(局)管辖的水电段有__________水电段。

92. 本分局(局)管辖的车辆段有__________车辆段。

93. 本分局(局)管辖的折返段有__________折返段。

94. 本分局(局)管辖的公安处有__________公安处。

95. 按有关规定编定车次,__________编为双数。

96. 按有关规定编定车次,下行编为__________。

97. PDCA 循环的四个阶段是__________。

98. 服务质量是指服务的工作质量,一般包括服务态度、服务技能、服务及时性等所体现的__________。

99. 全面质量管理的四大观点:__________。

100. 旅客周转量和货物周转量是铁路运输工作中__________的指标之一。

(二)选择题(将正确答案的代号填入括号内)

【例 1】电报业务日计表的保管期限为(　　)年。

(A)4　(B)3　(C)2　(D)1

答案:D。

【例 2】收、发报的改条均应贴在(　　)上。

(A)译电稿　(B)显示纸　(C)原稿　(D)有关纸张

答案:C。

【例 3】特急电报的内容是(　　)。

(A)部属公司的紧急命令、指示　(B)列车改点

(C)处理重大灾害　(D)变更收货人

答案:C。

【例 4】(　　)是铁路分局所在地。

(A)长春　(B)白城　(C)四平　(D)太平川

答案:A。

【例 5】通报用语"行"的代字是(　　)。

(A)H　(B)H—1　(C)FH　(D)DH

答案:A。

1. 从报务员至各级(　　)都要学会电报业务量统计方法,严格遵守上报时间。

(A)电报领班　(B)网路调度　(C)报话负责人　(D)报路主管

2. 站名略号的编制尽可能按该站名第一个拼音的(　　)字母进行排列。

(A)第一个　(B)第二个　(C)第三个　(D)第一、二两个

3. 站名略号由 3 个字母组成,按 A、B、C、…顺序编排,尾部字母代表(　　)。

(A)站名　(B)局名　(C)分局名　(D)段名

4.《铁路电报站名略号》本中编排的内容有 4 项,(　　)代表站名。

(A)Ⅳ项　(B)Ⅲ项　(C)Ⅱ项　(D)Ⅰ项

5.《铁路电报站名略号》本编排中Ⅱ项代表(　　)。

(A)站名　(B)站名略号　(C)局名　(D)分局名

6.《铁路电报站名略号》本编排中(　　)代表该车站隶属局、分局或公司。

(A)Ⅳ项　(B)Ⅲ项　(C)Ⅱ项　(D)Ⅰ项

7. 电报障碍通知登记簿保管期限为(　　)年。

(A)4　(B)3　(C)2　(D)1

8. 发报单位印鉴登记簿保管期限为(　　)。

(A)5 年　(B)10 年　(C)15 年　(D)长期

9. 电报业务季报的保管期限为(　　)年。

(A)1　(B)2　(C)3　(D)4

10. 电报业务季报的保管期限为(　　)年。

(A)1　(B)2　(C)3　(D)半

11. 交接班日志的保管期限为(　　)年。

(A)半　(B)1　(C)2　(D)3

12. 电报差错、错情、不良反映统计簿的保管期限为(　　)年。

(A)3　(B)4　(C)5　(D)6

13. 电报业务日计表的保管期限为(　　)年。

(A)4　(B)3　(C)2　(D)1

14. 访问用户意见簿的保管期限为(　　)年。

(A)1　(B)2　(C)3　(D)4

15. 受理以后的电报,发电单位要求取消时,如果电报已经发出,由(　　)自行处理。

(A)发报所　(B)发电单位　(C)收电单位　(D)收报所

16. 电报错情一律按(　　)日期统计。

(A)受理　(B)收报　(C)发现　(D)发报

17. 由于办报上的错误，造成电报错情由(　　)负责。

(A)互检者　(B)直接责任者　(C)总检者　(D)值班领班

18. 电报重号或脱号时，在(　　)上注明“某号重号或某号脱号”字样。

(A)附注栏　(B)报头　(C)受理登记簿　(D)原稿空白处

19. 部属单位拍发电报可发至全路各同级单位，但不能发全路(　　)。

(A)各同级单位　(B)下属单位　(C)各单位　(D)各站、段

20. 填写电报业务报告时，电报人员数应按(　　)现状统计。

(A)年初　(B)季末　(C)年末　(D)半年

21. 铁路电报业务统计，是分析(　　)运用效率、劳动生产率、技术改造的主要依据。

(A)报路　(B)报流　(C)线路　(D)设备

22. 收报单位不明确的电报，收报所负责和(　　)联系，确认收电单位后，进行投递，并用公电通知发电单位。

(A)发报所　(B)邻近报所　(C)转报所　(D)有关单位

23. 用户拍发传真电报的公章不得压正文，应盖在(　　)上。

(A)发电日期　(B)空白处　(C)附注　(D)报头

24. 收、发报的改条均应贴在(　　)上。

(A)译电稿　(B)显示纸　(C)原稿　(D)有关纸张

25. 机上通报建立冠流号码每日(　　)自一号起排列。

(A)16时　(B)18时　(C)20时　(D)零时

26. 通播标志符号的三个字母是(　　)。

(A)TBO　(B)TBF　(C)TBH　(D)DBO

27. 临时列车乘务工作的负责人拍发电报时应写明经由(　　)。

(A)区间　(B)车站　(C)站间　(D)站段

28. 电报已投递，发现有错应(　　)。

(A)出公电　(B)发改条　(C)重发　(D)电话改报

29. 对话传受理的电报，应将电报号码和(　　)通知发电单位。

(A)受理时间　(B)受理日期　(C)电报等级　(D)必要附注

30. 分局以下的电报所名一律使用(　　)。

(A)站名略号　(B)特定略号　(C)附注略号　(D)规定略号

31. 拍发给铁路出差人员的电报，必须指定能够代其负责收转的(　　)。

(A)铁路单位　(B)路外单位　(C)电报所　(D)路内外单位

32. 对委托转交拍发的电报，如有不符合规定和内容有疑问时，应由(　　)负责解释和处理。

(A)被委托单位　(B)委托单位　(C)转报所　(D)发报所

33. 特急电报的内容是(　　)。

(A)部属公司的紧急命令、指示　(B)列车改点

(C)处理重大灾害　(D)变更收货人

34. 特定所名略号只限在(　　)使用。

(A)电文　(B)发电单位　(C)收电单位　(D)报头

35. (　　)不准拍发电报。

(A)列车改点　(B)会议通知　(C)已有文电的重复通知　(D)变更到站

36. 普通电报投递划分为(　)个阶段。

(A)一　(B)二　(C)三　(D)四

37. 用户收报时应在投递簿上签(　)或盖章,同时填记收到时分。

(A)代号　(B)日期　(C)姓名　(D)单位名称

38. 中铁电气化局集团有限公司是(　)的所属单位。

(A)建筑总公司　(B)工程总公司　(C)通号集团公司　(D)铁道部

39. 建厂工程局所在地是(　)。

(A)涿州　(B)沧州　(C)保定　(D)丰台

40. 各铁路局的统称语通电略号是(　)。

(A)—T—　(B)—F—　(C)—S—　(D)—J—

41. 各分局的统称语通电略号是(　)。

(A)—T—　(B)—F—　(C)—S—　(D)—J—

42. 铁道部党校在(　)。

(A)北京南　(B)北京北　(C)北京西　(D)北京东

43. 隧道工程局所在地是(　)。

(A)洛阳　(B)北京　(C)汉阳　(D)涿州

44. 电气化工程局所在地是(　)。

(A)洛阳　(B)北京　(C)汉阳　(D)涿州

45. 大桥工程局所在地是(　)。

(A)洛阳　(B)北京　(C)汉阳　(D)涿州

46. 中国铁路物资总公司有两个工务器材厂,它们在(　)。

(A)宝鸡和鞍山　(B)武昌和鞍山　(C)隆昌和宝鸡　(D)鞍山和隆昌

47. 中铁工程机械研究设计院是(　)的所属单位。

(A)工程总公司　(B)建筑总公司　(C)中车南方公司　(D)铁道部

48. 电力机车厂在(　)。

(A)戚野堰　(B)株洲　(C)大连　(D)四方

49. 机车车辆工艺研究所在(　)。

(A)戚墅堰　(B)株洲　(C)大连　(D)四方

50. 内燃机车研究所在(　)。

(A)戚墅堰　(B)株洲　(C)大连　(D)四方

51. 车辆研究所在(　)。

(A)戚墅堰　(B)株洲　(C)大连　(D)四方

52. 电力机车研究所在(　)。

(A)戚墅堰　(B)株洲　(C)大连　(D)四方

53. 北京二七机车厂在(　)。

(A)南口　(B)丰台　(C)长辛店　(D)丰台西

54. 中铁西北科学研究院在(　)。

(A)兰州　(B)乌鲁木齐　(C)西宁　(D)银川

55. 中铁西南科学研究院在(　)。

(A)成都　　(B)武汉　　(C)长沙　　(D)昆明

56. 中车南方公司的两个内燃机车厂在(　　)。

(A)成都、襄樊　　(B)太原、资阳　　(C)襄樊、资阳　　(D)贵阳、资阳

57. 中车北方公司所属机车车辆机械厂在(　　)。

(A)北京南口　　(B)北京昌平　　(C)北京丰台　　(D)北京长辛店

58. 中车南方公司所属机车车辆机械厂在(　　)。

(A)北京南口　　(B)北京昌平　　(C)北京丰台　　(D)北京长辛店

59. 中车北方公司有两个车辆厂,它们是(　　)车辆厂。

(A)哈尔滨、西安　　(B)合肥、太原　　(C)齐齐哈尔、西安　　(D)沈阳、大连

60. 北京二七机车厂是(　　)的所属单位。

(A)中车南方公司　　(B)中车北方公司　　(C)物资总公司　　(D)铁道部

61. 铁道通信信息有限责任公司总部设在(　　)。

(A)上海　　(B)广州　　(C)北京　　(D)沈阳

62.(　　)是铁通广东省分公司所在地。

(A)长沙　　(B)衡阳　　(C)广州　　(D)怀化

63.(　　)是铁通内蒙古自治区分公司所在地。

(A)银川　　(B)呼和浩特　　(C)集宁　　(D)兰州

64.(　　)是铁通浙江省分公司所在地。

(A)杭州　　(B)上海　　(C)南京　　(D)苏州

65.(　　)是铁通江苏省分公司所在地。

(A)杭州　　(B)上海　　(C)合肥　　(D)南京

66.(　　)是铁通安徽省分公司所在地。

(A)蚌埠　　(B)合肥　　(C)南京　　(D)上海

67.(　　)是铁通福建省分公司所在地。

(A)厦门　　(B)上海　　(C)南京　　(D)福州

68.(　　)是铁通湖南省分公司所在地。

(A)长沙　　(B)广州　　(C)衡阳　　(D)株洲

69.(　　)是铁通贵州省分公司所在地。

(A)都匀　　(B)贵阳　　(C)重庆　　(D)遵义

70.(　　)是铁通湖北省分公司所在地。

(A)汉阳　　(B)襄樊　　(C)武汉　　(D)宜昌

71.(　　)是铁通广西自治区分公司所在地。

(A)南宁　　(B)桂林　　(C)北海　　(D)柳州

72.(　　)是铁通陕西省分公司所在地。

(A)西安　　(B)洛阳　　(C)郑州　　(D)宝鸡

73.(　　)是铁通青海自治区分公司所在地。

(A)银川　　(B)西宁　　(C)兰州　　(D)天水

74.(　　)是铁通宁夏自治区分公司所在地。

(A)包头　　(B)西宁　　(C)银川　　(D)兰州

75.(　　)是铁通河北省分公司所在地。

(A)天津　(B)北京　(C)郑州　(D)石家庄

76.(　　)是铁通山西省分公司所在地。

(A)太原　(B)济南　(C)宝鸡　(D)西安

77.(　　)是铁通吉林省分公司所在地。

(A)长春　(B)沈阳　(C)大连　(D)吉林

78.(　　)是铁通新疆自治区分公司所在地。

(A)银川　(B)呼和浩特　(C)乌鲁木齐　(D)哈密

79.(　　)是铁通云南省分公司所在地。

(A)昆明　(B)贵阳　(C)成都　(D)西昌

80.(　　)是铁通江西省分公司所在地。

(A)福州　(B)南昌　(C)南京　(D)鹰潭

81.(　　)是铁通四川省分公司所在地。

(A)西昌　(B)贵阳　(C)成都　(D)重庆

82.(　　)是铁通河南省分公司所在地。

(A)石家庄　(B)北京　(C)太原　(D)郑州

83.(　　)是铁通山东省分公司所在地。

(A)济南　(B)青岛　(C)南京　(D)徐州

84.(　　)是铁通黑龙江省分公司所在地。

(A)哈尔滨　(B)长春　(C)沈阳　(D)齐齐哈尔

85.(　　)是铁通辽宁省分公司所在地。

(A)哈尔滨　(B)沈阳　(C)长春　(D)锦州

86. 电报终端机状态语“报文行错”的代字是(　　)。

(A)BWHC　(B)BTHC　(C)BWHE　(D)BTHF

87. 电报终端机状态语“此报有错”的代字是(　　)。

(A)CBYW　(B)CBYC　(C)CBYX　(D)CBYZ

88. 电报终端机状态语“报头行错”的代字是(　　)。

(A)BTHC　(B)BWHC　(C)BTHF　(D)BTHV

89. 电报终端机状态语“指导行错”的代字是(　　)。

(A)ZDHC　(B)ZDHO　(C)ZDHW　(D)ZDHD

90. 通报用语“受理时分”的代字是(　　)。

(A)SB　(B)SJ　(C)SF　(D)SR

91. 通报用语“请改为”的代字是(　　)。

(A)GAI　(B)GBI　(C)GWI　(D)GEI

92. 通报用语“电报号码”的代字是(　　)。

(A)XY　(B)XO　(C)XM　(D)XH

93. 通报用语“以后”的代字是(　　)。

(A)YT　(B)YJ　(C)YH　(D)YHO

94. 通报用语“增加”的代字是(　　)。

(A)ZJ　(B)ZB　(C)ZA　(D)ZX

95. 通报用语“是”的代字是(　　)。

(A)S　(B)SD　(C)BS　(D)SH

96. 通报用语"倒数"的代字是(　　)。

(A)DJ　(B)DF　(C)DS　(D)D

97. 通报用语"页"的代字是(　　)。

(A)W　(B)Z　(C)X　(D)Y

98. 通报用语"行"的代字是(　　)。

(A)H　(B)HH　(C)FH　(D)DH

99. 通报用语"字"的代字是(　　)。

(A)A　(B)Z　(C)Y　(D)ZH

100. 通报用语"请"的代字是(　　)。

(A)QA　(B)QG　(C)QD　(D)Q

(三)判断题(正确的画"√",错误的画"×")

【例 1】限定时间到达的电报,根据电报内容由用户自己确定。(　　)

答案:×。

【例 2】路内单位与路外单位联合发报时,由一方发报单位盖章或签字即可。(　　)

答案:×。

【例 3】站名略号只限在报头中使用。(　　)

答案:√。

【例 4】用户签收电报发现不是本单位的电报时,应立即退回电报所。(　　)

答案:√。

【例 5】西安铁路分局属于郑州铁路局管辖。(　　)

答案:√。

1. 计算发报时限可以将报路故障影响通报的时间扣除。(　　)

2. 原电已发出,如发电单位需要增加收电单位时,可电话通知电报所补发。(　　)

3. 对未规定四码的汉字用 0000 代替,在附注栏内说明该字的写法。(　　)

4. 各级监察发往任何单位的电报均由电报所办理。(　　)

5. 收报后应确认发电单位,检查报面完整、端正、字迹清晰,按收报作业标准进行处理。(　　)

6. 电报在发报所的发出时间即为收报所的收到时间。(　　)

7. 由于办报上的错误,造成在政治上、经济上的损失,经用户反映为电报错情。(　　)

8. 电报所收到传真电报,可将原稿投递给用户。(　　)

9. 乘务人员在话传单位发报时,应由话传单位向电报所证明后,再行办理。(　　)

10. 发报单位的公章和负责人的名章或签字应事先向电报所办理印鉴登记,否则不能拍发电报。(　　)

11. 译电收电单位使用统称语时单位与单位之间加逗号。(　　)

12. 受理以后的电报,发电单位要求修改电报内容时,电话通知电报所修改即可。(　　)

13. 限定时间到达的电报,根据电报内容由用户自己确定。(　　)

14. 铁道通信信息有限责任公司总部设在北京。(　　)

15. 铁路沿线各单位可用传真收电报。（ ）

16. 执行列车乘务工作的负责人员，在同一区间可拍发同一内容的电报。（ ）

17. 列车超员时，列车长发电报通知前方站停止售票，电报所按急报等级发报。（ ）

18. 话传单位的发报经办人员，由本单位负责人指定后，办理登记手续。（ ）

19. 电报所对于用户的口头申告，应在三日内将检查结果通知申告人。（ ）

20. 如果电报已经发出，用户要求取消，由电报所处理。（ ）

21. 报路故障短期不能恢复时，应向用户说明原因停止受理电报。（ ）

22. 各级审计人员发往任何单位的电报，均由用户自己办理。（ ）

23. 收电单位中，地名与地名、单位与地名之间加局尾代字区分，省略逗号。（ ）

24. 电报信息管理系统由铁路电报站名略号、部属单位统称语通电略号及各电报所投递范围组成。（ ）

25. 收到并转的电报，应复印足够份数，同时投递给被委托转交的收电单位。（ ）

26. 特定所名略号只限在传输指导行中使用。（ ）

27. 发传真报前，应检查报头各项内容，根据传送方向单的发往所名，按照电报等级受理时间顺序设定传送方向进行传送。（ ）

28. 铁路电报是铁路管理和电报工作人员进行工作的依据。（ ）

29. 路内单位与路外单位联合发报时，由一方发报单位盖章或签字即可。（ ）

30. 分局电报所发报时，一封电报的传输指导行中有通电略号又有管外的电报所名时，要分别填写指导行拍发。（ ）

31. 收报所对于无法投递的电报，应用公电通知发电单位，并在发报原稿注明。（ ）

32. 译电时，收电单位与抄送单位之间要加回车另起一行。（ ）

33. 设置各级网路组织要以全路电报业务及报路构成为依据。（ ）

34. 收电单位中一部分单位不经过报路传递的电报，本市区的投递单位与沿线车站各单位互相间的电报，由用户自己办理。（ ）

35. 临时列车乘务工作的负责人拍发电报时，应写明经由区间，并在附注栏内注明列车的开车时间。（ ）

36. 站名略号只限在报头中使用。（ ）

37. 与运输有直接关系的基层单位所属部门经上级主管部门批准后均可拍发电报。（ ）

38. 发报译电时，对电文中的数目字必须用括号围括。（ ）

39. 电报投递以人工取送、话传、车递、邮寄四种形式办理。（ ）

40. 某发报所将电报刚发出就发现有错误，立即拍发改条进行更正。（ ）

41. 拍发隔日的电报应在附注栏内填记“GR”后发出。（ ）

42. 电报原稿由值班者负责装订，并在封皮上签字或盖章。（ ）

43. 报路设备发生障碍时，应及时通知维修单位并做好记录，恢复后，方可使用。（ ）

44. 拍发电报应按电报等级，等级相同的按受理时间拍发。（ ）

45. 收报单位已迁移，到报所将收电指导行修改后重发。（ ）

46. 行车设备施工、停用、开通、限速的电报应按限时电报处理。（ ）

47. 报务员在交接班中要做到交班清、接班明。（ ）

48. 报务人员值机时应将时间和代号输入终端设备 。（ ）

49. 用户拍发处理重大、大事故电报时，电报所应按急报办理，必要时填写速投或限时附注。（ ）

50. 拍发改报应在建非标准状态下拍发。（ ）

51. 基层单位发报只能发至本局和外局的有关单位。（ ）

52. 工程局电报所的所名代字除有特定所名略号外，其他一律在站名略号后面加 2。（ ）

53. 用户在电报所查阅原稿时，可对原稿进行部分修改。（ ）

54. 电报所的效率指标主要取决于标准发报率的完成情况。（ ）

55. 调度命令组织人员抢卸超重货物的电报可以拍发列车电报。（ ）

56. 译电时尽量做到一遍正确，对错字应进行消字处理。（ ）

57. 译电时对发电单位中的数目字可以不用括号围括。（ ）

58. 电报检查整理应达到正确无误，各项指标统计正确，装订整齐，一检查，二记载的标准。（ ）

59. 电报投递工作是保证电报质量的重要环节。（ ）

60. 对于临时组成的机构拍发电报时，可由日常主管单位盖章，按其书写的机构名称拍发。（ ）

61. 用户拍发电报时，可编制电报发文号，其编制格式为“单位代字、年份、序号”。（ ）

62. 拍发铁路电报只限有线电报通信网能通达的范围内。（ ）

63. 每日工作结束后，由发报员负责核对流水号码。（ ）

64. 指导行里同时出现两个及以上通电略号时，只打一个收报所最多的通电略号。（ ）

65. 用户具备传真收报条件时，电报所可直接向收电单位传送电报。（ ）

66. 有一封 8 月 8 日的电报有错，8 月 10 日被用户反映，造成电报差错，电报所应按 8 月 8 日统计此差错。（ ）

67. 铁路分局电报所所名代字使用站名略号。（ ）

68. 发电单位编制电报发文号时，年份要用全称，用括号括起。（ ）

69. 由于办报上的错误，造成错发，经用户反映，计算电报错情。（ ）

70. 列车超员，列车长委托车站拍发列车电报通知有关站停止售票，车站不得拒绝。（ ）

71. 用户拍发变更到站和收货人的电报，电报所可按列车电报等级拍发。（ ）

72. 发电单位编制电报发文号的标准式样是[××××]铁运第×××号。（ ）

73. 国际电报、银行汇款电报以及时间紧迫的电报均按急报处理。（ ）

74. 对委托转交拍发的电报，如有不符合规定和内容有疑问时，应由委托单位解释和处理。（ ）

75. 根据用户发报稿，按规定的电报格式和方法进行发报译电后拍发。（ ）

76. 用户签收电报发现不是本单位的电报时，应立即退回电报所。（ ）

77. 对话传受理的电报，应将电报号码和受理日期通知发电单位。（ ）

78. 站名略号在《铁路电报略号本》中的编排方式，是按站名略号、站名、所属路局、办理电报所名及所名代号的顺序排列的。（ ）

79. 电报所承担的话传车站数量应根据业务量而定。（ ）

80. 受理电报后,应在用户保存的发报原稿上加盖电报所受理印章。 ( )
81. 齐齐哈尔铁路分局属于哈尔滨铁路局管辖。 ( )
82. 济南铁路局下属的分局是济南、青岛、徐州、蚌埠。 ( )
83. 牡丹江铁路分局属于沈阳铁路局管辖。 ( )
84. 柳州铁路局下属的2个分局是柳州和南宁分局。 ( )
85. 成都铁路局下属有6个分局。 ( )
86. 北京铁路局下属有6个分局。 ( )
87. 兰州铁路局下属有5个分局。 ( )
88. 乌鲁木齐铁路局是无下属分局的4个铁路局之一。 ( )
89. 海拉尔铁路分局属于哈尔滨铁路局管辖 。 ( )
90. 通化铁路分局属于哈尔滨铁路局管辖。 ( )
91. 天津铁路分局属于北京铁路局管辖。 ( )
92. 洛阳铁路分局属于济南铁路局管辖。 ( )
93. 蚌埠、南京、杭州、福州铁路分局都属于上海铁路局管辖。 ( )
94. 南京铁路分局属于济南铁路局管辖。 ( )
95. 成都铁路局只有成都、重庆、贵阳3个分局。 ( )
96. 银川铁路分局属于乌鲁木齐铁路局管辖。 ( )
97. 佳木斯铁路分局属于沈阳铁路局管辖。 ( )
98. 南防、合九、武夷山铁路有限责任公司都是合资铁路公司。 ( )
99. 三茂铁路股份有限公司属合资铁路公司。 ( )
100. 目前全路共有43个铁路分局和铁路总公司。 ( )

(四)简答题

【例1】什么情况下,发报时要在附注栏内注明"采取措施的电报所名BG"?

答案:收报所收到不是本所投递的电报时,又确知该收电单位的地点时,可将收电单位指导行改正,重新编辑后拍发,此时要在附注栏内填记"采取措施的电报所名BG",并通知发报所。

【例2】电报投递的作业项目是什么?

答案:①按投递径路分检,登投递簿,认真做到"三核对",即:投递前,配送单位与收电单位、投递簿核对;投递中,配收单位电报号码与收电单位核对;投递后,对用户签章(字)、收到时间核对;

②急报随到随投,普通电报按两个阶段投递(自取按协议办理),投递后送报员签代号;

③遵守交通规则,注意人身安全。

【例3】收报所对于无法投递的电报,应如何处理?

答案:收报所对于无法投递的电报,应用公电通知发电单位,并在收报原稿注明。

1. 中级电报员要求熟记常用标准电码多少个字?常用站名略号多少个?
2. 中级电报员机上发报速度要求达到四码多少组?汉语拼音多少组?
3. 电报略号分为哪几种?
4. 全路有多少个铁路局和集团公司?设在什么地方?局尾代字是什么?
5. 终端发报指导行超长时怎么办?

6. 部属各单位及各铁路局、各总公司、各院校、各设计院的统称语通电略号是什么？

7. 某报务员错将机务处的电报批成机务段，此报投递给机务段结果耽误了机务处的领导开会，被机务处的领导反映到电报所，请问此报构成什么因素？

8. 某报务员由于工作疏忽耽误了商检电报的发报时间，发报车站因此电报晚发而被承担理赔一万元，请问构成什么因素？

9. 铁路行车事故根据什么分类？分为哪几类？

10. 中国铁路工程总公司系统、中国铁路物资总公司系统、铁道通信信息有限责任公司系统、各合资铁路公司的通电统称语通电略号是什么？

11. 电文中有百分号和千分号时如何译电？

12. 假如铁道部发给各铁路局的 195 号电报电文中，3 行倒数 2 字"押"字错成"抽"字，请问应在什么状态下拍发改报？按改报的格式写出改报的内容。

13. 什么情况下，发报时要在附注栏内注明"采取措施的电报所名 BG"？

14. 本所负责投递的部属、局属单位有哪几个？

15. 中国铁路物资总公司由哪几类单位组成？

16. 中国铁路物资总公司所属木材防腐厂有哪几个？

17. 中国铁路物资总公司所属物资公司有哪几个？

18. 电报发报译电的作业项目是什么？

19. 电报发报译电应达到什么标准？

20. 机上发报的作业项目是什么？

21. 传真电报发报应达到什么标准？

22. 终端机上发报应达到什么标准？

23. 电报终端机上收报的作业项目是什么？

24. 传真电报机上收报的作业项目是什么？

25. 电报投递的作业项目是什么？

26. 电报业务年报的保管期限是多长？何时向上级主管部门提报？

27. 机上收发报日志的保管期限是多长？如何计算保管期限？

28. 电报受理登记簿、投递簿的保管期限是多长？如何计算保管期限？

29. 电报差错、错情、不良反映统计簿、报路障碍通知登记簿的保管期限是多长？如何计算保管期限？

30. 电报收发原稿的保管期限是多长？如何计算保管期限？

31. 哪些情况可以拍发列车电报？

32. 对于临时组成的机构拍发电报时，应如何处理？

33. 构成电报差错的条件是什么？

34. 电报所收到并转或转交的电报应如何处理？

35. 用户发传真电报时有哪些要求？

36. 对电报所投递的电报有什么要求，可以采取哪几种方式投递？

37. 哪些情况可以拍发特急电报？

38. 差错、错情的计算方法是如何规定的？

39. 各分局、各特等站、各一等站、各机务段、各车务段、各供电段的局属单位统称语通电略号是什么？

40. 本所管辖话传车站有多少个？办理客运营业的有多少个？办理货运营业的有多少个？

(五)综合题

【例1】电压的常用单位是什么？它们之间的换算关系是什么？

答案：电压的常用单位是：伏特(V)、毫伏(mV)、微伏(μV)。

它们之间的换算关系是：1 V=1 000 mV，1 mV=1 000 μV。

【例2】路内单位拍发电报，费率计算分哪几种形式？

答案：路内单位拍发电报的费率计算分为电报终端发报按字计算和传真发报按页计算两种形式。

【例3】收电单位是局管内各运输生产单位(各局不一样，假设收电单位是55个)的传真急报共3页，请问此电报的电报费是多少？

答案：此报收电单位是55个，传真急报共3页，每一页的费率是8元钱，那么每一个收电单位是24元，因此这封电报的总费率是：55×24=1 320元。

1. 报务员文明礼貌服务需做到哪些？
2. 电流的常用单位是什么？它们之间的换算关系是什么？
3. 电压的常用单位是什么？它们之间的换算关系是什么？
4. 电阻的常用单位是什么？它们之间的换算关系是什么？
5. 电容的常用单位是什么？它们之间的换算关系是什么？
6. 电功率的常用单位是什么？它们之间的换算关系是什么？
7. 什么是欧姆定律？欧姆定律的公式是什么？
8. 路内单位拍发电报，费率计算分哪几种形式？
9. 统计终端电报费时有什么规定？
10. 统计传真电报费时有什么规定？
11. 收电单位是各铁路局的普通传真电报共2页，请问此报的电报费是多少？
12. 收电单位是局管内各运输生产单位(各局不一样，假设收电单位是55个)的传真急报共3页，请问此电报的电报费是多少？
13. 收电单位是某次列车的各停车站(各次列车不一样，假设收电单位是23个)的列车电报，收电单位字数是20个，电文(包括发电单位)字数60个，请问此电报的电报费是多少？
14. 收电单位是各勘察设计院的普通电报，电文字数105个，请问此电报的电报费是多少？
15. 某电报所1月共完成发报460封，人工送报150封，其中超限25封，问实际完成时限率是多少？
16. 某电报所1月共完成发报569封，人工送报395封，车递33封，其中超限25封，问实际完成时限率是多少？
17. 某电报所1月共完成发报640封，其中传真发报325封，终端发报315封，非标准报占15封，问实际完成标准发报率是多少？
18. 某电报所1月完成发报425封，其中非标准报14封，问实际完成标准发报率是多少？
19. 某电报所1月人工送报250封，其中非优质报5封，问实际完成优质电报率是多少？
20. 某电报所1月人工送报380封，车递电报120封，其中非优质报20封，问实际完成优质电报率是多少？

二、中级铁路报务员知识要求部分练习题答案

(一)填空题

1. 电报站名略号；
2. 有关电报所；
3. 单位领导；
4. 任何单位；
5. 交接班制度；
6. 准确、迅速、保密；
7. 发报日期；
8. 本单位负责人指定；
9. 话传、传真或车递；
10. 学习技术业务；
11. 话传单位；
12. 规定；
13. 设备质量上；
14. 取消时；
15. 发电单位；
16. 电报所；
17. 传真电报；
18. 用户说明原因；
19. 局尾代字；
20. 0000为左金字旁右容字；
21. 顿号；
22. 时限率；
23. 直属单位；
24. 次月起；
25. 标准发报率和优质率；
26. 收报所最多；
27. 基层站段；
28. 一个汉字位置；
29. 次年起；
30. 同一个通电略号；
31. 字迹的深浅；
32. 分别填写指导行；
33. 报文等级；
34. 开机状态；
35. 机上日志；
36. 传真；
37. 受理时间顺序；
38. 受理至发出；
39. 复印足够份数；
40. 有关单位联系；
41. 本系统数据；
42. 适时进行通报；
43. 报路构成；
44. 生产情况；
45. 同一区段内；
46. 2；
47. 开车时间；
48. 等级、受理时间；
49. 通知发电单位；
50. 签字或盖章；
51. 退回电报所；
52. 电报格式；
53. 电文中；
54. 9932；
55. 商洽修改；
56. 局、院、公司；
57. 2＝1/2；
58. JWCXO＝1/HO·H；
59. 电报证印；
60. 自检、互检、总检；
61. 年末的现状；
62. 书写清楚；
63. 一年；
64. 团结协作；
65. 原稿上；
66. 全程作业；
67. 电报的形式；
68. 用户至上、质量第一；
69. 收报单位与投递单位；
70. “三核对”；
71. 职业道德；
72. 电报所名；
73. 每月 25 日；
74. 电报证印；
75. 9933；
76. 办理印鉴登记；
77. 收报所；
78. 9934；
79. 一；
80. 规范体式；
81. 电报自动交换系统；
82. 急报；
83. 0.2 元/字；
84. 0.1 元/字；
85. 8 元/每页；
86. 4 元/每页；
87～94. 各主考单位结合本局实际，写出标准答案；
95. 上行；
96. 单数；
97. 计划、执行、检查、处理；
98. 服务效果；
99. 为用户服务、预防为主、用数据说话、全员参加；
100. 最重要。

(二)选择题

1.C;　2.A;　3.B;　4.D;　5.B;　6.B;　7.D;
8.D;　9.C;　10.D;　11.B;　12.A;　13.D;　14.A;
15.B;　16.C;　17.B;　18.C;　19.D;　20.C;　21.A;
22.D;　23.A;　24.C;　25.D;　26.A;　27.A;　28.A;
29.A;　30.A;　31.A;　32.A;　33.C;　34.D;　35.C;
36.B;　37.C;　38.B;　39.A;　40.A;　41.B;　42.B;
43.A;　44.B;　45.C;　46.D;　47.A;　48.B;　49.A;
50.C;　51.D;　52.B;　53.C;　54.A;　55.A;　56.C;
57.A;　58.B;　59.A;　60.B;　61.C;　62.C;　63.B;
64.A;　65.D;　66.A;　67.D;　68.A;　69.B;　70.C;
71.D;　72.A;　73.B;　74.C;　75.D;　76.A;　77.A;
78.C;　79.A;　80.B;　81.C;　82.D;　83.A;　84.A;
85.B;　86.A;　87.B;　88.A;　89.A;　90.C;　91.A;
92.B;　93.C;　94.A;　95.A;　96.D;　97.D;　98.A;
99.B;　100.B。

(三)判断题

1.×;　2.×;　3.√;　4.√;　5.×;　6.×;　7.×;
8.×;　9.√;　10.√;　11.×;　12.×;　13.×;　14.√;
15.√;　16.×;　17.×;　18.×;　19.×;　20.×;　21.√;
22.×;　23.×;　24.×;　25.√;　26.×;　27.√;　28.×;
29.×;　30.√;　31.×;　32.√;　33.√;　34.×;　35.×;
36.√;　37.√;　38.√;　39.×;　40.√;　41.√;　42.×;
43.×;　44.×;　45.×;　46.×;　47.√;　48.×;　49.×;
50.√;　51.√;　52.×;　53.×;　54.√;　55.×;　56.√;
57.×;　58.√;　59.×;　60.√;　61.×;　62.×;　63.×;
64.×;　65.√;　66.×;　67.×;　68.√;　69.√;　70.√;
71.×;　72.×;　73.√;　74.×;　75.×;　76.√;　77.×;
78.×;　79.√;　80.√;　81.√;　82.×;　83.×;　84.×;
85.×;　86.×;　87.×;　88.×;　89.√;　90.×;　91.√;
92.×;　93.√;　94.×;　95.√;　96.×;　97.×;　98.√;
99.√;　100.√。

(四)简答题

1. 答:熟记常用标准电码 2 000 个字;常用站名略号 300 个。

2. 答:四码 60 组/分钟;汉语拼音 30 组/分钟。

3. 电报略号分为站名略号、特定电报所名略号、附注略号和统称语通电略号四种。

4. 答:全路有 14 个铁路局和集团公司,它们的所在地和局尾代字是:哈尔滨 B、北京 P、郑州F、上海H、呼和浩特C、兰州J、沈阳T、济南K、乌鲁木齐R、成都W、昆明M、南昌G、柳州Z、广州(集团)公司Q。

5.答:传输指导行只能拍发一行,超长时使用一个电报号码,按两封电报拍发。

6.答:部属各单位—BSD—;各铁路局—T—;各总公司—S—;各院校—X—;各设计院—J—。

7.答:电报错情。

8.答:电报差错。

9.答:铁路行车事故按照事故的性质、损失及对行车造成的影响可分为重大事故、大事故、险性事故、一般事故。

10.答:中国铁路工程总公司系统—GCT—;中国铁路物资总公司系统—WZT—;铁道通信信息有限责任公司系统—TTC—;各合资铁路公司—HZS—。

11.答:电文中有百分号和千分号时,可用汉语拼音字母的“O”及斜线“/”组成,也可用计算机终端的 shift+5 译百分号。

12.答:应在建非标准报的状态下拍发,内容如下:

—T— J TB

……GB……

TB 195 SW 0667 6993 6424 1444

DW 3HD2Z 2132 GAI 2131

13.答:收报所收到不是本所投递的电报时,又确知该收电单位的地点时,可将收电单位指导行改正,重新编辑后拍发,此时要在附注栏内填记“采取措施的电报所名BG”,并通知发报所。

14.答:各主考单位结合本所实际写出标准答案。

15.答:由9个部物资公司、2个轨枕工厂、7个木材防腐厂、2个工务器材配件厂、1个水泥厂组成。

16.答:有哈尔滨、镇赉、武汉、鹰潭、柳州、成都、北京7个木材防腐厂。

17.答:有哈尔滨、沈阳、天津、北京、武汉、广州、上海、成都、西安9个。

18.答:(1)掌握译电方法,正确使用局尾代字;

(2)认真校对,念准听清,对同音异字加以解释,校对后,查对组数,正确配报,签代号。

(3)改条要与原发报稿一致。

19.答:报头完整,组数正确,收电单位明确,10组一行,20行一页,符合发报译电格式,做到一看、二译、三校对、四配报。

20.答:(1)使用智能终端向自动交换机通报时,应确认指导行,按先急后缓的原则顺序拍发。

(2)电报发完后,确认收电单位与指导行是否相符,填写机上日志。

(3)正确使用机上通报(微机命令)用语。

21.答:报头完整,报面整洁,字体清楚,无增改涂抹,编页正确,急报1.5 h内发出。

22.答:报头完整,组数正确,收电单位明确,电文无误,有标点符号,10组一行,20行一页,符合电报拍发格式,没有改条,急报1.5 h内发出。

23.答:(1)确认报头和收电单位,顺通电文,遇有疑问追查到底,发现误传时,立即通知发报所更正;

(2)正确处理配报，注意附注，遇急报或有时间性的电报应做标记，及时处理，正确填写机上日志；

(3)收到改条后正确处理。

24. 答：(1)确认收电单位，发现误传时，立即通知发报所更正；

(2)检查报面是否清晰、完整无误后，正确处理配报，遇急报或有时间性的电报应做标记，及时处理，正确填写机上日志、流水号码。

25. 答：(1)按投递径路分检，登投递簿，认真做到"三核对"，即：投递前，配送单位与收电单位、投递簿核对；投递中，配收单位电报号码与收电单位核对；投递后，对用户签章(字)、收到时间核对；

(2)急报随到随投，普通电报按两个阶段投递（自取按协议办理)，投递后送报员签代号；

(3)遵守交通规则，注意人身安全。

26. 答：电报业务年报的保管期限是长期保管，必须在每年的 1 月 20 日前向铁道部提出前一年的报告。

27. 答：保管期限是三个月，是从装订之日起计算。

28. 答：保管期限是一年，是从使用完后次月起计算。

29. 答：保管期限是一年，是从使用完后次年起计算。

30. 答：保管期限是三个月，是从装订之日起计算。

31. 答：在处理列车业务，必须在列车到达以前或在列车到达当时送交用户的电报，可以拍发列车电报。

32. 答：临时组成的机构拍发电报时，可由日常主管单位盖章，按其书写的机构名称拍发。

33. 答：由于办报上的错误，给用户造成直接经济损失的计算电报差错。

34. 答：收到并转或转交的电报，应复印足够份数，同时投递给被委托转交的收电单位。

35. 答：用户发传真电报时须由发报单位领导签发，一律使用铁路专用传真电报纸书写，字体不得小于 4 号字，线条不得小于0.5 mm，收电单位明确，电文通顺，标点符号完整，填写拟稿人姓名和电话号码，加盖单位公章或名章(签字)，公章不得压正文，盖在发电日期上。

36. 答：对电报所投递的电报，必须加盖电报印证，及时向收电单位投递。投递可以采取人工取送、话传、车递、传真四种方式。

37. 答：电报内容是非常紧急的命令、指示，处理重大、大事故、人身伤亡事故、重大灾害等性质的电报，可以拍发特急电报。

38. 答：一封电报构成几件差错、错情时，均按一件计算。电报差错、错情，一律按发现日期统计。造成差错、错情，由直接责任者负责。传真电报根据通报记录判明责任，对于不能判明责任的，双方各计算一件。

39. 答：各主考单位结合本局实际写出标准答案。

40. 答：各主考单位结合本局实际写出标准答案。

(五)综合题

1. 答：(1)树立全心全意为人民服务，为用户服务的观点，想用户所想，急用户所急，帮用户所需，准确迅速地传递电报。

(2)树立踏踏实实的工作作风，要正直、诚实、勤劳、朴素、实事求是地完成规定的各项生产任务，努力提高工作效率。

(3)努力学习,刻苦钻研技术业务,不断提高服务本领。

(4)做到语言文明,态度和蔼,用好"请、您、好、谢谢、对不起、不客气"等用语,提供服务。

(5)树立全程全网观念,积极地开展网路活动,搞好团结协作,确保通信畅通。

(6)遵章守纪,维护社会公德,遵守公共秩序。

(7)要养成良好的卫生习惯,搞好个人及工作场所卫生。

2. 答:电流的常用单位是:安培(A)、毫安(mA)、微安(μA)。

它们之间的换算关系是:1 A=1 000 mA,1 mA=1 000 μA。

3. 答:电压的常用单位是:伏特(V)、毫伏(mV)、微伏(μV)。

它们之间的换算关系是:1 V=1 000 mV,1 mV=1 000 μV。

4. 答:电阻的常用单位是:欧姆(Ω)、千欧(kΩ)、兆欧(MΩ)。

它们之间的换算关系是:1 MΩ=1 000 kΩ,1 kΩ=1 000 Ω。

5. 答:电容的常用单位是:法拉(F)、微法(μF)、皮法(pF)。

它们之间的换算关系是:1 F=10^6 μF,1 μF=10^6 pF。

6. 答:电功率的常用单位是:瓦特(W)、千瓦(kW)。

它们之间的换算关系是:1 kW=1 000 W。

7. 答:电路中的电流 I 的大小,与电源的电压 U 成正比,与电路中的电阻 R 成反比,这个规律叫做欧姆定律。公式:$I=U/R$。

8. 答:拍发电报的费率计算分为电报终端发报按字计算和传真发报按页计算两种形式。

9. 答:统计终端电报费时,一个收电单位计算一封,按电文中的字数多少计费(包括发电单位)。电文中的字母、数字、符号等不足5个字符的按一个汉字计算,连续5个字符以上的按两个汉字计算,以此类推。无论多少个收电单位,收电单位的字数只计算一次。

10. 答:统计传真电报费时,一个收电单位计算一封,按16K或A3纸的幅面计算一页,多页的按页数乘以费率。

11. 答:全路共14个铁路局,除本局外共有13个收电单位,普通传真电报共2页,每一页的费率是4元钱,那么每一个收电单位是8元,因此这封电报的总费率是:13×8=104元。

12. 答:此报收电单位是55个,传真急报共3页,每一页的费率是8元钱,那么每一个收电单位是24元,因此这封电报的总费率是:55×24=1 320元。

13. 答:此报收电单位是23个,列车电报的费率按0.2元/每字,电文字数共60个,费率是0.2×60=12元,收电单位字数是20个,费率是20×0.2=4.0元,因此这封电报的总费率是:23×12+4(收电单位只计算一次)=280元。

14. 答:此报收电单位是4个,普通电报的费率按0.1元/每字,电文字数共105个,费率是0.1×105=10.5元,收电单位字数是6个,费率是6×0.1=0.6元,因此这封电报的总费率是:4×10.5+0.6(收电单位只计算一次)=42.6元。

15. 答:办理封数为发报封数、人工送报、传真封数之和,时限率为:

$$\text{时限率}=\frac{\text{办理封数}-\text{超限封数}}{\text{办理封数}}\times100\%=\frac{460+150-25}{460+150}=\times100\%=\frac{585}{610}\times100\%=95.9\%$$

实际完成时限率是95.9%。

16. 答:办理封数为发报封数、人工送报、传真封数之和,车递不计时限封数,时限率为:

$$\text{时限率}=\frac{\text{办理封数}-\text{超限封数}}{\text{办理封数}}\times100\%=\frac{569+395-25}{569+395}=\times100\%=\frac{939}{964}\times100\%=97.4\%$$

实际完成时限率是 97.4%。

17. 答:共完成发报 640 封,非标 15 封,标准发报率为:

$$标准发报率=\frac{办理封数-非标准报封数}{办理封数}\times 100\%=\frac{640-15}{640}\times 100\%=97.7\%$$

实际完成标准发报率是 97.7%。

18. 答:共完成发报 425 封,非标 14 封,标准发报率为:

$$标准发报率=\frac{办理封数-非标准报封数}{办理封数}\times 100\%=\frac{425-14}{425}\times 100\%=96.7\%$$

实际完成标准发报率是 96.7%。

19. 答:优质电报办理封数为人工送报、车递电报、传真报之和,优质率为:

$$优质电报率=\frac{办理封数-非优质封数}{办理封数}\times 100\%=\frac{250-5}{250}\times 100\%=98\%$$

实际完成优质电报率是 98%。

20. 答:电报办理封数为人工送报、车递电报、传真报之和,时限率为:

$$优质电报率=\frac{办理封数-非优质封数}{办理封数}\times 100\%=\frac{380+120-20}{380+120}\times 100\%=\frac{480}{500}\times 100\%=96\%$$

实际完成优质电报率是 96%。

三、中级铁路报务员技能要求部分演练题

(一)题　　目

1. 发送电报汉字稿(100分)。
2. 站名、站名略号互译(100分)。
3. 发送四码稿(100分)。
4. 发送汉语拼音字母稿(100分)。
5. 受理电报(100分)。
6. 受理传真电报(100分)。
7. 发报译电(100分)。
8. 机上发报(100分)。
9. 机上拍发传真电报(100分)。
10. 机上收报(100分)。
11. 机上收传真报(100分)。
12. 到报译电(100分)。
13. 投递(100分)。
14. 电报原稿检查(100分)。
15. 电报原稿整理(100分)。

(二)考核要求和内容

1. 发送电报汉字稿

(1)一封有意义的电报汉字稿,报头6项,收电单位20组,电文及发电单位合计320组;

(2)报文中使用的汉字不超过常用四码2 000组的范围;

(3)正确操作智能终端机;

(4)报头和收、发电单位及电文的发送要正确;

(5)指导行根据收电单位正确配发;

(6)考核时间:10 min;

(7)安全文明生产:①能正确执行安全技术操作规程;②能做到工作场地整洁,坐姿标准,工作着装规范。

2. 站名、站名略号互译

(1)站名、站名略号各55个;

(2)在常用站名略号300个中选择;

(3)站名、站名略号的互译要正确、迅速。

(4)考核时间:10 min;

(5)安全文明生产:①能正确执行安全技术操作规程;②能做到工作场地整洁,坐姿标准,工作着装规范。

3. 发送四码稿

(1)试卷为无意义的480组四码稿,微机打印稿;

(2)发报正确、迅速,符合标准要求;

(3)发报每分钟60组,并全部正确为满分;

(4)考核时间:8 min;

(5)安全文明生产:①能正确执行安全技术操作规程;②能做到工作场地整洁,坐姿标准,工作着装规范。

4. 发送汉语拼音字母稿

(1)试卷为240组的汉语拼音字母稿(5个字母组成一组),微机打印稿;

(2)发报正确、迅速,符合标准要求;

(3)发报每分钟30组,并全部正确为满分;

(4)考核时间:8 min;

(5)安全文明生产:①能正确执行安全技术操作规程;②能做到工作场地整洁,坐姿标准,工作着装规范。

5. 受理电报

(1)受理时确认发报权、范围、印鉴或签字,是否有拟稿人姓名、电话号码,对监察、稽查、审计、乘务和出差人员的电报,在原稿空白处填记证件名称及号码;

(2)确认收电单位是否明确;

(3)顺通电文,标点符号是否完整,字迹是否清楚,有疑问时,要问明标清;

(4)根据电报急缓及设备情况,与用户商洽等级,对紧急电报应加标记,考虑全程时限,及时处理;

(5)填写受理登记簿的同时,在双方原稿上填写发报所所名、电报号码、等级、日期、受理当时的时间及受理者代号;

(6)话传发报,应确认有否发报权,对地名、人名、数字及易混字句应复诵。将电报号码、受理时间通知发电单位,并互报姓名或代号;

(7)考核时间:15 min;

(8)安全文明生产:①能正确执行安全技术操作规程;②能做到工作场地整洁,坐姿标准,工作着装规范。

6. 受理传真电报

(1)使用传真电报纸,无删改填补,传送图表符合规定尺寸,印章端正不与文字重叠;

(2)认真填写"传真电报传送方向单",多页电报按规定填写页数与分页数;

(3)受理时确认发报权、范围、印鉴或签字,是否有拟稿人姓名、电话号码,对监察、稽查、审计、乘务和出差人员的电报,在原稿空白处填记证件名称及号码;

(4)确认收电单位是否明确;

(5)顺通电文,标点符号是否完整,字迹是否清楚,有疑问时,要问明标清;

(6)根据电报急缓及设备情况,与用户商洽等级,对紧急电报应加标记,考虑全程时限,及时处理;

(7)填写受理登记簿的同时,在双方原稿上填写发报所所名、电报号码、等级、日期、受理当时的时间及受理者代号;

(8)考核时间:15 min;

(9)安全文明生产:①能正确执行安全技术操作规程;②能做到工作场地整洁,坐姿标准,工作着装规范。

7. 发报译电

(1)根据用户发报稿,按规定的电报格式和方法进行发报译电;

(2)掌握译电方法,正确使用局尾代字;

(3)认真校(核)对,念准听清,对同音异字加以解释,校对后,查对组数,正确配报,签代号;

(4)符合标准发报条件;

(5)考核时间:平均 300 字10 min;

(6)安全文明生产:①能正确执行安全技术操作规程;②能做到工作场地整洁,坐姿标准,工作着装规范。

8. 机上发报

(1)使用智能终端机向自动交换机通报时,应确认指导行,按先急后缓原则,顺序拍发;

(2)电报发完后,确认收电单位与指导行是否相符,填写机上日志;

(3)正确使用机上通报(微机命令)用语;

(4)考核时间:根据实际情况定;

(5)安全文明生产:①能正确执行安全技术操作规程;②能做到工作场地整洁,坐姿标准,工作着装规范。

9. 机上拍发传真电报

(1)传送前,应检查报头各项内容,根据传送方向单的发往电报所名,按照电报等级、受理时间顺序设定传送方向进行传送;

(2)为了保证传真电报的质量,根据用户书写字迹的深浅情况,相应调整浓淡度;

(3)电报传送完了,电话要收据,填写传送方向单,同时登记机上日志;

(4)考核时间:根据实际情况定;

(5)安全文明生产:①能正确执行安全技术操作规程;②能做到工作场地整洁,坐姿标准,工作着装规范。

10. 机上收报

(1)确认收、发电单位,检查显字情况,核对组数,顺通电文,遇有疑问追查到底,发现误发时,通知发报所更正;

(2)正确处理配报,注意附注,遇急报或有时间性的报应做标记,及时处理,正确填写机上日志;

(3)收到改条后正确处理;

(4)考核时间:根据实际情况定;

(5)安全文明生产:①能正确执行安全技术操作规程;②能做到工作场地整洁,坐姿标准,工作着装规范。

11. 机上收传真报

(1)确认收电单位,发现误传时通知发报所更正;

(2)检查报面完整、端正、字迹清晰,按收报作业标准进行处理;

(3)对投递的电报,使用复印机进行复印;

(4)考核时间:根据实际情况定;

(5)安全文明生产:①能正确执行安全技术操作规程;②能做到工作场地整洁,坐姿标准,工作着装规范。

12. 到报译电

(1)检查显字情况,对未译出的汉字要填写正确,对无用的符号要抹净,核对份数,纸张大小要符合标准,对多页报顺序装订;

(2)加盖电报证印,正确配报;

(3)考核时间:5 封 2 页电报5 min;

(4)安全文明生产:①能正确执行安全技术操作规程;②能做到工作场地整洁,坐姿标准,工作着装规范。

13. 投递

(1)按投递径路分检,登投递簿,认真做到"三核对",即:投递前,配送单位与收电单位、投递簿核对;投递中,配报单位、电报号码与收电单位核对;投递后,对用户签章(字)、收到时间核对;

(2)有时间性的急报1 h内投递;普通电报按"二个阶段"投递(自取按协议办理),投递后送报员签代号;

(3)考核时间:20 封电报分检登记10 min;

(4)安全文明生产:①能正确执行安全技术操作规程;②遵守交通规则,注意人身安全。

14. 电报原稿检查

(1)在办理电报过程中,应采取自检、互检、总检,防止错、漏、丢报;

(2)发报应检查发往的电报所名与收电单位及其他事项是否相符;

(3)到报应检查收电单位与投递单位是否相符;

(4)其他有无错漏之处;

(5)由检查者签字或盖章;

(6)考核时间:20 封收发报20 min;

(7)安全文明生产:①能正确执行安全技术操作规程;②能做到工作场地整洁,坐姿标准,工作着装规范。

15. 电报原稿整理

(1)发报:按照受理电报号码的顺序;

(2)到报:按照收报冠流号码的顺序;

(3)检查者在封皮上签字或盖章;

(4)对受理中的重号、脱号电报,在封皮上做标记;

(5)考核时间:10 min;

(6)安全文明生产:①能正确执行安全技术操作规程;②能做到工作场地整洁,坐姿标准,工作着装规范。

第三部分 高 级 工

一、高级铁路报务员知识要求部分练习题

(一)填空题(将正确答案填在横线空白处)

【例1】电报信息管理系统由铁路________、部属单位统称语通电略号及全路各电报所投递范围数据库组成。

答案:电报站名略号。

【例2】一天的工作结束后,收报所要与________核对传真封数,同时取出“通报记录”再行核对。

答案:发报所。

【例3】受理电报的当时必须确认________,收电单位是否明确,发报范围、电报内容、电报等级是否符合规定。

答案:有无发报权。

【例4】客车代号RZ的含义是________。

答案:软座车。

【例5】可以将各种数据转换成为计算机能处理的形式,并输送到计算机中去的设备统称为________。

答案:输入设备。

1. 各级电务部门必须经常进行通信保密教育,增强报务人员的保密观念,自觉________,确保通信机密。

2. 各电报所处理________,必须指定专人负责,及时处理,使申告人得到满意答复。

3. 普通电报发报时限为________。

4. 对委托转交拍发的电报,如有不符合规定和内容有疑问时,应由________负责解释和处理。

5. 报务人员不得在公共场所、私人通信中及与无关人员谈论工作情况,不得带引与工作无关人员________。

6. 铁路电报是铁路运输生产、经营服务的通信联络工具,是________的组成部分,是政令、信息传递的手段。

7. 各电报所收到上级领导机关转来的用户申告,应及时查明原因,直接________,并将查明的情况及所内处理结果向主管部门汇报。

8. 发报译电时,收电单位为铁路局、铁路分局及基层站段必须________。

9. 电报信息管理系统由铁路________、部属单位统称语通电略号及全路各电报所投递范围数据库组成。

10. 电报所在填写各种报表和原始资料时,要字迹清楚正确,所名不得写________。

11. 执行列车乘务工作的负责人,在同一区段内不得重复拍发________的电报。

12. 铁路电报工作人员必须树立敬业爱岗、优质服务的责任意识和________。

13. 遵守通信保密和通信纪律是做好电报工作的________,是报务人员应具备的职业道德。

14. 对于临时组成的机构拍发电报时,可由________盖章,按其书写的机构名称拍发。

15. 部属单位拍发电报时,发报范围可发至全路各同级单位,但不得发________。

16. 两个以上单位联合发报时,由主办单位盖章或签字即可,但与________发报,必须由路内单位盖章或签字。

17. 电报信息管理系统设备投入使用后,应处于开机状态,保证随时接收信息及________。

18. 各级数据库管理中心,应指定专人负责电报信息管理系统数据库的________和日常管理工作。

19. 站名略号、特定所名略号及________的略号只限在报头中使用。

20. 用户发报不符合《铁路电报管理规则》的规定时,应向用户________,商洽修改。

21. 各铁路局、分局电报所收到修改信息后,应及时检查,核对本系统数据变化情况,如有问题应在________与部电报信息管理系统管理中心联系。

22. 各级管理机关有监督所属各所正确、及时处理申告的责任,并________通报。确属主观责任的,应按问题性质给予适当处理。

23. 收、发报的改条均应贴在________。

24. 收报所收到处理重大、大事故的电报时,必须________,立即投递。

25. 用户对其交发或收到的电报,认为有错误或时间延误可向________提出申告。

26. 数据库管理中心根据铁道部的修改电报,在站名启用的________对数据进行修改,并同时变更局、分局的数据库。

27. 指导行中的报文等级即为________所定的电报等级。

28. 处理重大、大事故拍发电报时,电报所应按________办理。

29. 通播方式传输指导行的________在指导行的最前面。

30. 用户收报时,应在________上签字或盖章,同时填记收到时分。

31. 电报所向话传单位话传电报时,对音同易混及________必须复念加以解释。

32. 电报所在处理因时间紧迫不能及时投递的电报时,应先用________,事后投递或车递。

33. 单收方式的传输指导行的内容是________。

34. 在办理电报的过程中,对原稿的检查应采取________,防止错、漏、丢报。

35. 各级电务部门对于因失、泄密或违反通信纪律,造成________,视情节轻重给予处理。

36. 填写电报业务报告时,应将电报所的增减日期在________注明。

37. 检查发报原稿应检查发往的电报所名与该报的________是否相符。

38. 电报人员的数量应按________的现状在电报业务报告中反映出来。

39. 附注略号是为了便于电报所在________过程中处理某些业务而制定的。

40. ________是分析报路运用效率、劳动生产率、设备技术改造的主要依据。

41. 电报员收到电报后，要确认收电单位，检查报面完整、端正、字迹清晰，按__________进行处理。

42. 发报译电格式规定，拍发发电单位要__________拍发。

43. 报务人员要按照《铁路职业技能标准》和《作业标准》的要求，努力学习技术业务，熟练掌握__________，提高服务水平。

44. 传真通报作业中发生错误时，应根据通报记录判明责任，对于不能判明责任的，双方__________因素。

45. 一天的工作结束后，收报所要与__________核对传真封数，同时取出“通报记录”再行核对。

46. 对收、发电单位和电文中的数目字、汉语拼音字母、符号必须用__________。

47. 对于联合发报的电报译电时，发电单位要__________拍发。

48. 拍发一封电报全程出现两种传输方式时，使用电报__________进行传递。

49. 电报所应建立健全以__________的质量检查、交接班、安全保密、访问用户、竞赛评比等各项制度。

50. 拍发给路外单位和铁路出差、乘务人员的电报，必须指定能够代其负责收转的铁路单位，但不得指定__________。

51. 铁路局、铁路分局电报所发报时，一封电报的指导行中有通电略号又有管外的电报所名时，要分别填写指导行，__________拍发。

52. 铁路沿线各单位发、收电报可用__________的方式。

53. 站名略号由__________组成，其尾部字母代表局名。

54. 电报所应随时掌握报路设备运用情况，发生故障时，应及时__________，并做好记载，恢复后，经过验收方可使用。

55. 执行临时列车乘务工作的负责人拍发电报时，应写明列车经由区间，并在附注栏内注明__________的开车时间。

56. 各级监察、稽查、出差和乘务人员在话传单位发报时，应由话传单位向__________证明后，再行办理。

57. 发报单位的__________在电报所必须长期保存。

58. 各电报所的传真机应时刻处于开机状态，保证__________。

59. 收报单位已迁移，到报所确知该单位所在地点，可将__________改正，重新编辑后拍发(必要时通知发报所)，附注填记：“采取措施的电报所名 BG”。

60. 发报所发现电报有错误时，必须拍发改条或出公电改正，严禁__________。

61. 办理车递电报时，应按__________办理，收电单位不得拒绝办理。

62. 智能电报终端设备的打印机属于计算机的__________设备。

63. 发报译电时，收电单位中__________之间加局尾代字区分，省略顿号。

64. 为了保证传真电报的质量，在发传真电报前要根据用户书写字迹的深浅，相应调整__________。

65. 报话路障通知登记簿的 1 年的保管期限是从使用完后__________计算。

66. 各级网路组织是根据全路__________及报路构成而设置的。

67. 受理电报的当时必须确认__________，收电单位是否明确，发报范围、电报内容、电报等级是否符合规定。

68. 受理传真电报应填写________,对多页电报应编写电报号码、页数和分页数。

69. 话传单位的发报经办人员,由本单位负责人指定后,向________办理登记。

70. 对话传、传真受理的电报,应将电报号码和受理时间________,并互报姓名和代号。

71. 指导行里同时出现两个以上通电略号时,如其中一个能包括________时,只打一个收报所最多的通电略号。

72. 智能电报终端设备的键盘属于计算机的________设备。

73. 发报时因收报单位统称语不同而________的,可以使用同一个通电略号在指导行里出现。

74. 计算机的中央处理器一般称为________。

75. 可以将各种数据转换成为计算机能处理的形式,并输送到计算机中去的设备统称为________。

76. 一台完整的计算机系统由________两大部分组成。

77. 客车代号 RZ 的含义是________。

78. 客车代号 YZ 的含义是________。

79. 客车代号 XL 的含义是________。

80. 客车代号 RW 的含义是________。

81. 客车代号 YW 的含义是________。

82. 客车代号 GW 的含义是________。

83. 客车代号 SY 的含义是________。

84. 客车代号 UZ 的含义是________。

85. 客车代号 CA 的含义是________。

86. 货车代号 P 的含义是________。

87. 货车代号 C 的含义是________。

88. 货车代号 M 的含义是________。

89. 货车代号 N 的含义是________。

90. 货车代号 A 的含义是________。

91. 货车代号 D 的含义是________。

92. 货车代号 PD 的含义是________。

93. 货车代号 J 的含义是________。

94. ________型内燃机车的代号是 DF。

95. ________型蒸汽机车的代号是 QJ。

96. ________型内燃机车的代号是 BJ。

97. 铁路行车事故是按照事故的________及对行车造成的影响进行分类的。

98. 电场内两点电位的差值称为电位差,也叫________。

99. 在欧姆定律中,导体中________与导体两端的电压成正比。

100. 在欧姆定律中,导体中的电流与导体的电阻成________。

(二)选择题(将正确答案的代号填入括号内)

【例 1】变更到报所名的附注略号是(　　)。

(A)BG　(B)BW　(C)BK　(D)BZ

答案:A。

【例 2】电报所接到用户申告,应立即处理,并自受理之日起,(　　)日之内将检查的结果和采取的措施通知申告人。

(A)4　(B)5　(C)6　(D)7

答案:B。

【例 3】临时列车乘务工作的负责人拍发电报时,应写明经由(　　)。

(A)站间　(B)车站　(C)区间　(D)站段

答案:C。

【例 4】中铁西南科学研究院在(　　)。

(A)昆明　(B)武昌　(C)贵阳　(D)成都

答案:D。

【例 5】计算机调制解调器的作用是(　　)。

(A)将数字信号转换为模拟信号　(B)将信号进行过滤,以便于理解计算机

(C)将数字信号和模拟信号进行相互转换　(D)对信号进行压缩,解压缩

答案:C。

1. 填写电报业务量报告,业务量的截止日期每月规定为(　　)日。

(A)20　(B)25　(C)28　(D)30

2. 电报业务报告为年报,兼做(　　)报时要注明。

(A)周　(B)月　(C)季　(D)半年

3. 电报业务报告为年报,有国际联运电报的局,应(　　)填报。

(A)分别　(B)包括国际电报一起　(C)在同一张表上分开　(D)不在此

4. 某电报员在替送报员送电报时,出现了错误,被用户反映,造成错情因素,该责任应由(　　)负责。

(A)电报员　(B)送报员　(C)领班　(D)安全员

5. 各级网路组应设专职网路调度,在(　　)领导下,负责网路活动的日常工作。

(A)铁路分局　(B)铁路局　(C)网路组长　(D)工程局

6. 电报业务统计要求各项统计数字必须真实可靠,统计方法和(　　)应符合规定。

(A)机会　(B)时候　(C)时间　(D)时机

7. 电报发出后,发报所发现有错,收报所尚未投递时,应(　　)更正。

(A)发公电　(B)重发　(C)电话　(D)发改条

8. 铁道部运输局发报范围是(　　)。

(A)只能发同级单位　(B)不限　(C)限全路各站　(D)只能发有关单位

9. 智能终端机发报的起始标志行是(　　)。

(A)QSQS　(B)ZCZC　(C)ZSZS　(D)QCQC

10. 智能终端机发报的报文结束标志行是(　　)。

(A)ZZZZ　(B)ZCZC　(C)NNNN　(D)NCNC

11. 一封电报构成几件错情时,均按(　　)计算。

(A)几件　(B)一件　(C)数件　(D)多件

12. 电报差错按(　　)日期统计。

(A)受理　(B)收报　(C)发现　(D)发报

13. 国际公务电报按(　)办理。

(A)列车报　(B)限时报　(C)特急报　(D)急报

14. 发报单位的公章、单位负责人的名章或签字应事先向电报所办理(　)。

(A)注册登记　(B)印鉴登记　(C)登记　(D)人员登记

15. 统计电报业务报告规定,受理智能电报的组数以(　)组为单位。

(A)1　(B)10　(C)百　(D)千

16. 报务领班岗位专责制有(　)条。

(A)5　(B)10　(C)6　(D)8

17. 电报所接到用户申告,应立即处理,并自受理之日起,(　)日之内将检查的结果和采取的措施通知申告人。

(A)7　(B)6　(C)5　(D)4

18. 发报时限自(　)起计算。

(A)对方给收据　(B)受理时间　(C)译电　(D)拍发完

19. 对新职人员的培训,要经过(　),合格的才能上岗值机。

(A)实习　(B)试岗　(C)技术考核　(D)考试

20. 用户到电报所查阅电报原稿时,须有电报所(　)在场,不准对原稿有任何修改。

(A)领班　(B)报务员　(C)负责人员　(D)安全员

21. 对未规定四码的汉字用(　)代替。

(A)9997　(B)0000　(C)9999　(D)9996

22. 各电报所向上级主管部门提交前一年的电报业务报告的时间由(　)自行规定。

(A)各所　(B)各主管人员　(C)主管部门　(D)各段

23. 国际联运电报传输指导行报文等级拍发(　)。

(A)T　(B)G　(C)J　(D)Q

24. 四码发报每页规定 20 行,每行规定(　)个字。

(A)20　(B)25　(C)10　(D)15

25. 拍发限时电报的时限为(　)h。

(A)1　(B)1.5　(C)2　(D)0.5

26. 电报业务报告中的发报译电封数为(　)。

(A)发报封数　(B)机上发报封数

(C)电报终端受理封数　(D)机上发报与机上收报之和

27. 铁路局每年应于(　)前向铁道部提交前一年的电报业务报告。

(A)12 月 31 日　(B)1 月 31 日　(C)1 月 10 日　(D)1 月 20 日

28. 能将其他形式的能量转换成电能的设备称为(　)。

(A)电源　(B)电能　(C)电压　(D)电容

29. 统计电报业务量时,加抄封数是按(　)计算。

(A)需实际投递的封数　(B)收电单位　(C)收电单位减 1　(D)收电单位加 1

30. 统计话传电报业务量时,同时话传 5 个单位的按(　)统计。

(A)一个单位　(B)5 个单位　(C)收电单位　(D)一封电报

31. 中国南方机车车辆工业集团公司系统的统称语通电略号是(　)。

(A) - JGN - (B)—JEN— (C)—NCS— (D)—NCC—

32. 中国北方机车车辆工业集团公司系统的统称语通电略号是( )。

(A)—BBS— (B)—JEB— (C)—JGB— (D)—BCC—

33. 各合资铁路公司的统称语通电略号是( )。

(A)—HZC— (B)—HTC— (C)—HTS— (D)—HZS—

34. 各研究院的统称语通电略号是( )。

(A)—YJJ— (B)—YQY— (C)—YJY— (D)—EJY—

35. 部属各单位的统称语通电略号是( )。

(A)—BDW— (B)—BSW— (C)—BSD— (D)—BWD—

36. 铁道通信信息有限责任公司系统的通电统称语略号是( )。

(A)—TTC— (B)—TTS— (C)—TXC— (D)—TXS—

37. 各院、校的统称语通电略号是( )。

(A)—YX— (B)—Y— (C)—X— (D)—XY—

38. 各桥梁、机械厂的统称语通电略号是( )。

(A)—QLC— (B)—QJC— (C)—QXC— (D)—QLO—

39. 工程机械研究所的统称语通电略号是( )。

(A)—GJS— (B)—GCS— (C)—GYS— (D)—GSS—

40. 各设计院的统称语通电略号是( )。

(A)—J— (B)—S— (C)—SJY— (D)—SY—

41. 部属单位的各总公司的统称语通电略号是( )。

(A)—G— (B)—GS— (C)—S— (D)—D—

42. 各物资公司的统称语通电略号是( )。

(A)—BSC— (B)—BCC— (C)—BWC— (D)—BZC—

43. 中国铁路工程总公司系统的统称语通电略号是( )。

(A)—GCZ— (B)—GCT— (C)—GCS— (D)—GCG—

44. 各木材防腐厂的统称语通电略号是( )。

(A)—FFC— (B)—MCC— (C)—MFC— (D)—FCC—

45. 中车南方公司所属工厂的统称语通电略号是( )。

(A)—ZNC— (B)—NFC— (C)—NCC— (D)—GCN—

46. 中车北方公司所属工厂的统称语通电略号是( )。

(A)—GCB— (B)—BFC— (C)—BCC— (D)—ZBC—

47. 中车南方公司所属研究所的统称语通电略号是( )。

(A)—NYS— (B)—YJN— (C)—NFS— (D)—YJS—

48. 中车北方公司所属研究所的统称语通电略号是( )。

(A)—BJS— (B)—BFS— (C)—YJB— (D)—YJS—

49. 中国铁道建筑总公司各工程局的统称语通电略号是( )。

(A)—ZTJ— (B)—TZJ— (C)—ZJJ— (D)—ZGJ—

50. 中铁十四局集团有限公司在( )。

(A)济南 (B)徐州 (C)泰安 (D)兖州

51. 中铁十六局集团有限公司在( )。

(A)保定　(B)北京　(C)邢台　(D)石家庄

52. 中铁十七局集团有限公司在(　　)。

(A)临汾　(B)榆次　(C)太原　(D)洛阳

53. 中铁十一局集团有限公司所在地(　　)。

(A)宜昌　(B)襄樊　(C)当阳　(D)随州

54. 中铁十二局集团有限公司所在地(　　)。

(A)宜昌　(B)太原　(C)襄樊　(D)随州

55. 中铁十三局集团有限公司所在地是(　　)。

(A)本溪　(B)大连　(C)吉林　(D)长春

56. 中铁十五局集团有限公司所在地是(　　)。

(A)洛阳　(B)宝丰　(C)郑州　(D)南阳

57. 中铁十八局集团有限公司所在地是(　　)。

(A)丰润　(B)天津　(C)唐山　(D)塘沽

58. 中铁十九局集团有限公司所在地(　　)。

(A)通辽　(B)丹东　(C)锦州　(D)辽阳

59. 中铁二十局集团有限公司所在地(　　)。

(A)太原　(B)咸阳　(C)宝鸡　(D)安康

60. 中国铁道建筑总公司所在地(　　)。

(A)北京西　(B)北京　(C)丰台　(D)长辛店

61. 电报终端机命令语“核对冠流”的代字是(　　)。

(A)HDGH　(B)HDGK　(C)HDGL　(D)HDGN

62. 电报终端机命令语“重发”的代字是(　　)。

(A)CFCA　(B)CFCK　(C)CFCF　(D)CFCG

63. 电报终端机命令语“收发统计”的代字是(　　)。

(A)SFTY　(B)SFTQ　(C)SFTL　(D)SFTJ

64. 电报终端机命令语“试验”的代字是(　　)。

(A)SJSJ　(B)SGSG　(C)SPSP　(D)SYSY

65. 电报终端机命令语“停发”的代字是(　　)。

(A)TFTA　(B)TFTF　(C)TFTP　(D)TFTQ

66. 电报终端机命令语“给您收据”的代字是(　　)。

(A)GNSP　(B)GNSN　(C)GNSJ　(D)GNJN

67. 电报终端机命令语“公电”的代字是(　　)

(A)GDGL　(B)GDGY　(C)GDGM　(D)GDGD

68. 电报终端机命令语“请发”的代字是(　　)。

(A)QTQT　(B)TFTF　(C)QFQF　(D)TFTQ

69. 电报证印的直径规定为(　　)mm。

(A)25　(B)20　(C)40　(D)30

70. 电报受理印章的直径标准规定为(　　)mm。

(A)40　(B)30　(C)20　(D)10

71. 电报受理印章两横线之间距离标准规定为(　　)mm。

(A)12　(B)13　(C)11　(D)10

72. 电报证印的外轮线和横线自身的宽度标准规定为(　　)mm。

(A)1　(B)4　(C)2　(D)3

73. 电报证印两横线之间距离标准规定为(　　)mm。

(A)7.5　(B)6.5　(C)7　(D)6

74. 电报受理印章外轮线和横线自身的宽度标准规定为(　　)mm。

(A)1　(B)1.2　(C)1.3　(D)1.4

75. 电报证印上除有“电报”和“年月日”外还有(　　)。

(A)××铁路局　(B)××分局　(C)××局电报所名　(D)××电报所

76. 电报受理印章上除有“××电报所”和“年月日”外还有(　　)字样。

(A)电报受理　(B)受理专用章　(C)电报受理章　(D)电报专用章

77. 中铁一局集团有限公司电报所的所名略号是(　　)。

(A)JC　(B)AG　(C)YG　(D)1G

78. 涿州建厂工程局电报所的所名略号是(　　)。

(A)JG　(B)AG　(C)JC　(D)RG

79. 洛阳隧道工程局电报所的所名略号是(　　)。

(A)LG　(B)SD　(C)DG　(D)SG

80. 中国铁道建筑总公司电报所的所名略号是(　　)。

(A)ZB　(B)JZ　(C)TZ　(D)ZZ

81. 中车公司客车工厂所在地是(　　)。

(A)吉林　(B)苏家屯　(C)大官屯　(D)长春

82. 中车北方公司铁道制动机厂所在地是(　　)。

(A)永济　(B)沈阳　(C)大同　(D)大连

83. 宝鸡桥梁厂是(　　)的所属单位。

(A)中国铁道建筑总公司　(B)中国铁路物资总公司

(C)铁道部　(D)中国铁路工程总公司

84. 沈阳桥梁厂是(　　)的所属单位。

(A)中国铁道建筑总公司　(B)中国铁路物资总公司

(C)铁道部　(D)中国铁路工程总公司

85. 丰台桥梁厂是(　　)的所属单位。

(A)中国铁道建筑总公司　(B)中国铁路物资总公司

(C)铁道部　(D)中国铁路工程总公司

86. 成都桥梁厂是(　　)的所属单位。

(A)中国铁道建筑总公司　(B)中国铁路物资总公司

(C)铁道部　(D)中国铁路工程总公司

87. 北京木材防腐厂是(　　)的所属单位。

(A)中国铁道建筑总公司　(B)中国铁路工程总公司

(C)铁道部　(D)中国铁路物资总公司

88. 北京昌平机车车辆机械厂是(　　)的所属单位。

(A)铁道部　(B)中国铁路工程总公司　(C)中车北方公司　(D)中车南方公司

89. 北京二七通信工厂是(　　)的所属单位。

(A)铁道部　　(B)铁道通信信息有限责任公司

(C)中国铁道建筑总公司　　(D)中国铁路通信信号集团公司

90. 铁通江苏分公司是(　　)分公司。

(A)地市级　(B)自治区　(C)省级　(D)直辖市

91. 铁通重庆分公司是(　　)分公司。

(A)地市级　(B)自治区　(C)省级　(D)直辖市

92. 铁通南宁分公司是(　　)分公司。

(A)地市级　(B)自治区　(C)省级　(D)直辖市

93. 铁通广西分公司是(　　)分公司。

(A)地市级　(B)自治区　(C)省级　(D)直辖市

94. 铁通河南分公司是(　　)分公司。

(A)地市级　(B)自治区　(C)省级　(D)直辖市

95. 在产品质量的形成过程中,对影响产品的各个因素的各个方面都控制起来,这个工作内容叫做(　　)。

(A)技术管理　(B)设备管理　(C)标准管理　(D)质量管理

96. 铁路运输以(　　)为单位计量的货物位移的产品总数称为货物周转量。

(A)吨公里　(B)车公里　(C)吨小时　(D)车小时

97. 铁路运输以(　　)为单位计量的货物位移的产品总数称为旅客周转量。

(A)趟公里　(B)人公里　(C)趟小时　(D)人小时

98. 计算机调制解调器的作用是(　　)。

(A)将数字信号转换为模拟信号　　(B)将信号进行过滤,以便于理解计算机

(C)将数字信号和模拟信号进行相互转换　　(D)对信号进行压缩,解压缩

99.(　　)的作用是将外部的信息送入计算机。

(A)内存储器　(B)外存储器　(C)输入设备　(D)输出设备

100. 在以下的汉字输入编码中,只有(　　)码没有重码。

(A)表形　(B)五笔字形　(C)智能拼音　(D)电报

(三)判断题(正确的画"√",错误的画"×")

【例1】列车行驶到另一个区段后,仍然超员严重,列车长又将在上一区段已拍发过的同一内容的电报交给车站拍发。(　　)

答案:√。

【例2】铁路局电报所发报时,一封电报的指导行中有通电略号又有管外的电报所名时也要分别填写指导行拍发。(　　)

答案:√。

【例3】对于路途遥远或交通不便的单位的投递报,均由用户自取。(　　)

答案:×。

【例4】郑州铁路局下属有7个分局。(　　)

答案:×。

【例 5】目前铁路电报智能终端使用的铁路电报系统软件是应用在DOS系统下的软件。（　　）

答案:√。

1. 用户拍发电报,由电报所按电报的性质和急缓程度确定电报等级。（　　）

2. 部属单位可拍发电报至全路各站段。（　　）

3. 收到对方电报所错发的电报,通知报所后即按取消处理。（　　）

4. 福州分局的局尾代字是"G"。（　　）

5. 统计工作量时,对话传受理的电报只计算受理封数,不计算话传封数。（　　）

6. 电报拍发完了,应在原稿上填写时间和代号。（　　）

7. 优质率办理封数为人工送报封数加车递加话传封数的总和。（　　）

8. 列车行驶到另一个区段后,仍然超员严重,列车长又将在上一区段已拍发过的同一内容的电报交给车站拍发。（　　）

9. 电报所名略号原则上使用站名略号的前两个字母。（　　）

10. 装订发报原稿时,要按照受理电报号码的顺序装订。（　　）

11. 标准发报条件包括报头 22 至 24 行。（　　）

12. 某发电单位在交发的电报发出后,需要增加收电单位时,电话通知电报所补发,电报所拒绝了发报单位的要求。（　　）

13. 铁路局要召开紧急会议,到电报所来要求拍发特急电报,电报所按此办理。（　　）

14. 某一用户对收到电报的时间产生了不满,找到了投递的电报所,而此原因发生在发报所,于是收报所叫用户直接找发报所查明原因。（　　）

15. 车辆甩挂、超限货物运行的电报要按列车电报办理。（　　）

16. 查找站名略号可按站名第一个字的拼音或笔划两种方法进行查找。（　　）

17. 某一临时组成的机构因没有公章,发报时盖了主管单位的公章,电报所以公章与书写机构不符而拒绝受理。（　　）

18. 各局报话主管部门可结合本局的具体情况,根据《铁路电报管理规则》制定电报业务管理的补充规定和实施细则。（　　）

19. 电报业务报告为年报也可兼做季报。（　　）

20. 某发报人拍发给路外单位的电报,叫电报所通知路外单位的收报人到电报所自取。（　　）

21. 电报受理后尚未发出,报路发生了故障而且在短期内不能恢复,电报所必须通过其他办法处理。（　　）

22. 拍发给各级乘务和出差人员的电报以及他们发往任何单位的电报,均由电报所办理。（　　）

23. 对报务新职人员进行 3 个月的培训即可上岗值机。（　　）

24. 某电报所在中午 14 点钟收到一封铁路局要在下午 16 点 30 分召开紧急电话会议的电报,电报所在会议召开前的 16 点将电报送交用户,按时完成了时限。（　　）

25. 重号(CH)和附注(FZ)都是电报作业中的通报用语。（　　）

26. 某一用户到电报所发报,发电单位的书写违反电报所的有关规定,用户又坚持不改,该电报可拒绝受理该用户的发报。（　　）

27. 报路发生故障短期不能恢复时,向用户说明原因即可停止受理电报。 ( )

28. 根据业务需要,电报所应配备电报终端、传真机、复印机、录音设备及秒表、计算器、文件柜、交通工具等。 ( )

29. 电报所向沿线车站办理车递电报的当时,要在原稿上填记:发电单位、送出时间及办理人员代号。 ( )

30. 发报用户拍发处理重大、大事故的电报时,电报所应按特急电报办理,必要时填写速投或限时附注。 ( )

31. 铁路局电报所发报时,一封电报的指导行中有通电略号又有管外的电报所名时也要分别填写指导行拍发。 ( )

32. 为保证报面清晰度,传真电报在本所从受理至发出只准许一次传输。 ( )

33. 收电单位中一部分单位不经过报路的电报,这些单位都是受理所管辖的投递单位,该所在人员、设备、交通工具条件具备的情况下,都应进行投递。 ( )

34. 收报所收到处理重大、大事故的电报时,必须及时处理立即投递。 ( )

35. 标准发报率办理封数为终端发报封数加传真发报封数的总和。 ( )

36.《铁路电报管理规则》解释权属铁道部电务局。 ( )

37. 电报所在统计电报时限率时,可将因双休日某些单位无人接收的电报排出在超限电报之外。 ( )

38. 电报受理以后,发电单位就不可以对电报内容进行修改了。 ( )

39. 发报所拍发电报后发现有错误时,必须拍发改条进行修改,严禁重复拍发。 ( )

40. 经过报路传递的文字通信才叫电报。 ( )

41. 银行办理铁路汇款业务的电报等级代字是K,按急报处理。 ( )

42. 某电报所指定领班负责处理用户的申告事项,使申告人都得到了满意的答复。 ( )

43. 用户具备传输收报条件时,电报所可直接向用户发报。 ( )

44. 电报原稿由夜班领班负责装订,并在封皮上签字或盖章。 ( )

45. 用户拍发铁路电报,由电报所根据内容确定电报等级。 ( )

46. 限定时间到达的电报,根据电报内容由发报用户自行确定。 ( )

47. 对于路途遥远或交通不便的单位的投递报,均由用户自取。 ( )

48. 运输处拍发变更列车运行时间的电报,因时间紧迫,经与电报所商定,电报所同意按限时电报拍发。 ( )

49. 公用乘车证丢失,可向有关站段拍发声明电报。 ( )

50. 统计工作量的发报译电封数就是终端机上的收发报封数。 ( )

51. 时限率办理封数为发报封数加投递封数的总和。 ( )

52. 铁路局是铁道部的部属单位,因此铁路局的发报范围不受限制。 ( )

53. 本地区某单位拍发电报,收电单位中有一个是不经过报路属发报所的话传单位,发报所只办理发报不办理投递。 ( )

54. 某电报所收到收电单位是铁路局党委并转自治区党委的电报就复印两份同时投递给铁路局。 ( )

55. 拍发电报的顺序应按电报等级,等级相同的按受理时间先后拍发。 ( )

56. 收电单位名称不明确的电报,收报所负责和有关单位及发报所联系处理。 ( )

57. 收报用户收到不是本单位的电报时，必须按正确的收电单位转交给用户。 ( )

58. 传输指导行最多可容纳 50 个字符。 ( )

59. 电报所受理的电报，必须加盖电报证印给用户退底。 ( )

60. 拍发给铁路出差、乘务人员的电报，必须指定能够代其负责收转的单位，但不得指定电报所。 ( )

61. 发报号码重号或脱号时，要在该报的原稿空白处注明“某号重号或某号脱号”。 ( )

62. 发现受理的电报号码重号时，要在重号的电报附注栏内填写“CH”附注。 ( )

63. 各级监察、稽查、审计人员发往任何单位的电报均由电报所办理。 ( )

64. 国际联运电报传输指导行报文等级栏拍发 J。 ( )

65. 传真单位的发报经办人员，应由本单位负责人指定后，向电报所办理登记。 ( )

66. 北京二七车辆厂和北京二七机车厂都是中车北方公司的下属单位。 ( )

67. 电报所在办理电报过程中可使用附注略号来处理某些业务，提高办报速度。 ( )

68. 成都、重庆、西昌、贵阳都是成都铁路局管辖的分局。 ( )

69. 电报终端机在目录状态下，F1 是建报。 ( )

70. 某电报所管辖的机务段发一封电报的收电单位中，有一个是不经过报路的，属该电报所的话传站，该站的电报应由用户自己办理。 ( )

71. 传真标准发报的条件是：报头完文、报面整洁、书写清楚，编页正确。 ( )

72. 石家庄铁路分局属于北京铁路局管辖。 ( )

73. 一封电报收电单位中的两个车站与发报单位同属于受理电报所的话传站，这两个车站的电报应由用户自办理。 ( )

74. 电报终端机在建报状态下，F2 键是存报。 ( )

75. 对于传真受理的电报，应将电报号码和受理时间通知发电单位，并互报姓名或代号。 ( )

76. 译电时，电文中的百分号也可用键盘的上挡键(shift)加数字键 5 来译电。 ( )

77. 某一电报所管辖的沿线话传单位发报，收电单位中有同是该电报所的另一话传单位，这个单位的电报应由发电单位自己投送。 ( )

78. 某稽查人员在外地执行公务结束后，要拍发电报告知回家的时间，电报所按章未受理此电报。 ( )

79. 某电报所收到上级领导转来的用户申告后，当日就查明原因答复了有关领导。 ( )

80. 中国南方、北方机车车辆工业集团公司系统的电报所名略号除了有特定略号所名以外，其他电报所名一律在运营电报所名后加 2 区别。 ( )

81. 中国铁路工程总公司系统的电报所名略号除了有特定略号所名以外，其他电报所一律在运营电报所名后加 1 区别。 ( )

82. 沈阳铁道制动机厂是中车北方公司单位。 ( )

83. 电报受理印章和电报证印的年月日都应该用活字。 ( )

84. 填写表报时，为了方便起见，电报所名可以用简称或代字填写。 ( )

85. 中国铁路物资总公司系统和工程总公司系统所属单位都有桥梁厂。 ( )

86. 洛阳隧道工程局是中国铁道建筑总公司所属的工程局。 ( )

87. 中铁西北科学研究院和西南科学研究院都是铁道部的部属单位。 ( )

88. 戚野堰机车车辆工艺研究所是中车南方公司所属单位。 ( )

89. 北京二七车辆厂是中车北方公司所属单位。 ( )

90. 各铁路分局、铁路总公司的统称语通电略号是—F—。 ( )

91. 涿州建厂局电报所的特定略号是 JC。 ( )

92. 中国铁道建筑总公司的电报所的特定略号是 JZ。 ( )

93. 目前沈阳铁路局是全路管辖分局最多的一个铁路局。 ( )

94. 洛阳机车厂是中车南方公司所属单位。 ( )

95. 广州铁路集团公司管辖的 4 个铁路总公司是羊城、长沙、衡阳、怀化。 ( )

96. 中铁二局集团有限公司在贵阳,其电报所名特定略号是 RG。 ( )

97. 各木材防腐厂的通电略号是—MFC—。 ( )

98. PDCA 循环的内容是计划、实施、检查、处理。 ( )

99. 限定时间到达的电报,根据电报内容由用户自已确定。 ( )

100. 目前铁路电报智能终端使用的铁路电报系统软件是应用在 DOS 系统下的软件。 ( )

(四)简答题

【例 1】中车南方公司所属车辆工厂有几个?其所在地在哪里?

答案:有 9 个,分别在:南京浦镇、株洲、眉山、武昌、铜陵、武汉江岸、贵阳、石家庄、北京。

【例 2】根据全路电报业务及报路构成,共设置哪几级网路组织?

答案:共设置全路干线网路领导小组、铁路(工程)局网路组、铁路分局网路组等三级网路组织。

【例 3】用户要发限时电报时应如何办理?举例说明附注栏的填法。

答案:根据需要与可能,由用户与电报所商定,并在附注栏内填记送交收电单位的时间。如用户要求在 14:30 前送达,在可能的情况下,在附注栏内填记"XS14.30"。

1. 电报所接到用户申告后应如何处理?

2. 哪些单位和单位负责人有权发报?

3. 银行汇款电报的内容是什么?

4. 电报信息管理系统遇有故障时,应怎样处理?

5. 用智能终端拍发收电单位有哪些规定?

6. 用智能终端拍发电报对电文有哪些规定?

7. 不经过报路的电报与发报用户的分工是如何规定的?

8. 用户要查阅电报原稿时有什么规定?

9. 具体说明通播方式传输指导行包含哪些内容?并举例。

10. 中车北方公司所属机车车辆工厂有几个?其所在地在哪里?

11. 中车南方公司、中车北方公司的统称语通电略号是什么?公司所属工厂和研究所的通电略号是什么?

12. 中车南方公司所属车辆工厂有几个?其所在地在哪里?

13. 中车北方公司所属车辆工厂有几个?其所在地在哪里?

14. 中车南方公司所属机车厂有几个？其所在地在哪里？

15. 中车北方公司所属机车厂有几个？其所在地在哪里？

16. 中车南方公司所属研究所有哪几个？

17. 中车北方公司所属研究所有哪几个？

18. 电报智能终端机在建标准报状态下,F1～F8 键的作用是什么？

19. 为什么有的局会有两个或三个局尾代字？请写出这些局和局尾代字。

20. 电报智能终端机在目录状态下,F1～F8 键的作用是什么？

21. 国际电报所所名代字是怎样规定的？拍发传输指导行的报文等级代字是什么？

22. 根据全路电报业务及报路构成,共设置哪几级网路组织？

23. 各级网路组织的基本任务是什么？

24. 电报中如遇有汉语拼音字母 ü 时,如何译电？举例说明？

25. 用智能终端机拍发电报的作业项目是什么？

26. 办报过程应怎样检查原稿？

27. 一天工作结束后,整理电报原稿有什么规定？

28. 电报所收到收电单位名称不明确的电报应如何处理？

29. 电报信息管理系统由哪几个数据库组成？管理中心设在哪里？数据库中心设在哪里？

30. 对各级监察、稽查、乘务和出差人员拍发电报时,有何规定？

31. 发报用户需要取消受理以后的电报时,有何规定？

32. 对于铁路沿线各单位可采取什么方式传递电报？对用户有什么要求？

33. 报路发生故障时应如何处理？

34. 质量检查制度的内容是什么？

35. 竞赛评比制度的内容是什么？

36. 访问制度的内容是什么？

37. 电报所必备的业务资料有哪些？

38. 发电单位编制电报发文号有什么要求？

39. 全路共有多少个铁路分局(铁路总公司)与本局相邻的局和分局有哪些？

40. 用户要发限时电报时应如何办理？举例说明附注栏的填法。

41. 机上通报如何建立流水号码？收发报员如何核对？

42. 用户发报时有哪些要求？

43. 发报译电格式的 5 条规定是什么？

(五)综合题

【例 1】进行电报业务统计的目的和要求是什么？

答案:目的:电报业务统计是分析报路运用效率、劳动生产率、设备技术改造的主要依据。

要求:各项统计数字必须真实可靠,统计方法和时机应符合规定;填写表报、原始资料,字迹清楚正确,电报所名不得写简称或代字;要严格遵守上报时间,从报务员至各级报话负责人员都要学会统计方法。

【例 2】某电报所一个月共完成发报 320 封,其中终端发报 205 封,改报 3 封,问实际完成标准发报率是多少？

答案：共完成发报 320 封，非标 3 封，标准发报率为：

$$标准发报率=\frac{办理封数-非标准报封数}{办理封数}\times 100\%=\frac{320-3}{320}\times 100\%=99.1\%$$

实际完成标准发报率是 99.1%。

1. 什么是数字通信？什么是干线、局线通信？

2. 电报通信具有哪些特征？

3.《铁路电报站名略号》中的内容是按什么方式编排的？

4. 站名略号的编制原则是什么？

5. 为什么要制定附注略号？具体附注略号有哪些？

6. 进行电报业务统计的目的和要求是什么？

7. 使用统称语通电略号指导行拍发方法是如何规定的？

8. 电报质量管理的任务是什么？

9. 国际铁路公务电报细则适用范围？

10. 某电报所一个月人工送报 690 封，车递电报 60 封，传真 30 封，其中非优质报 15 封，问实际完成优质电报率是多少？

11. 某电报所一个月人工送报 870 封，非优质报 20 封，车递电报 120 封，传真 10 封，话传 30 封，问实际完成优质电报率是多少？

12. 某电报所一个月共完成发报 320 封，其中终端发报 205 封，改报 3 封，问实际完成标准发报率是多少？

13. 某电报所一个月共完成发报 320 封，其中终端发报时有 2 封因线路不好造成对方变字，本所显示稿无错，对方要求重发后正确，问实际完成标准发报率是多少？

14. 某电报所一个月共完成发报 358 封，其中终端发报有 3 封报头日期错，2 封电文错，问实际完成标准发报率是多少？

15. 某电报所一个月完成终端发报 267 封，传真发报 198 封，人工送报 426 封，其中有 25 封因双休日送报无人签收而超限，问实际完成时限率是多少？

16. 某电报所一个月共完成发报 432 封，人工送报 654 封，车递 33 封，传真 15 封，其中超限 36 封，问实际完成时限率是多少？

17. 某电报所一个月完成发报 567 封，其中 17 封因长途大通道光缆中断超限，人工送报 357 封，其中超限 32 封，传真 15 封，问实际完成时限率是多少？

18. 什么叫熔断器（熔丝）？熔丝的作用是什么？

19. 电阻串联电路有哪些性质？

20. 电阻并联电路有哪些性质？

二、高级铁路报务员知识要求部分练习题答案

(一)填空题

1. 遵守通信纪律； 2. 申告事项； 3. 2 h；
4. 被委托单位； 5. 进入工作间； 6. 铁路公文；
7. 答复用户； 8. 冠局尾代字； 9. 电报站名略号；
10. 简称或代字； 11. 同一内容； 12. 全程全网观念；
13. 根本保证； 14. 日常主管单位； 15. 全路各站、段；
16. 路外单位联合； 17. 提供查询服务； 18. 修改、核对；
19. 电报规则所规定； 20. 耐心解释； 21. 24 h内；
22. 适时进行； 23. 原稿上； 24. 及时处理；
25. 有关电报所； 26. 当日； 27. 报头等级栏；
28. 特急电报； 29. 通播标志； 30. 电报投递簿；
31. 重要字句； 32. 电话重点通知收电单位； 33. 收报所名、电报等级和发报所名；
34. 自检、互检、总检； 35. 损失者； 36. 附注栏内；
37. 收报单位； 38. 年末； 39. 办理电报；
40. 电报业务统计； 41. 收报作业标准； 42. 另起一行空三组；
43. 操作技能； 44. 各计算一件； 45. 发报所；
46. 括号围括； 47. 并列； 48. 智能交换系统；
49. 岗位专责制为中心； 50. 电报所； 51. 分别；
52. 话传、传真或车递； 53. 三个汉语拼音字母； 54. 通知维修单位；
55. 本次列车发报站； 56. 电报所； 57. 印鉴登记笺；
58. 随时收报； 59. 收电单位指导行； 60. 重复拍发；
61. 挂号； 62. 输出； 63. 地名与地名、单位名与地名；
64. 传真机的浓淡度； 65. 次年起； 66. 电报业务；
67. 有无发报权； 68. 传送方向单； 69. 电报所；
70. 通知发电单位； 71. 另一个略号的收报所； 72. 输入；
73. 收报所名相同； 74. CPU； 75. 输入设备；
76. 硬件系统和软件系统； 77. 软座车； 78. 硬座车；
79. 行李车； 80. 软卧车； 81. 硬卧车；
82. 公务车； 83. 试验车； 84. 邮政车；
85. 餐车； 86 棚车； 87. 敞车；
88. 煤车； 89. 平车； 90. 砂石车；
91. 长大货物车； 92. 毒品车； 93. 家畜车；

94. 东风； 95. 前进； 96. 北京；
97. 性质、损失； 98. 电压； 99. 电流；
100. 反比。

(二)选择题

1.B; 2.C; 3.A; 4.A; 5.C; 6.D; 7.D;
8.B; 9.B; 10.C; 11.B; 12.C; 13.D; 14.B;
15.D; 16.B; 17.C; 18.B; 19.C; 20.C; 21.B;
22.C; 23.B; 24.C; 25.B; 26.C; 27.D; 28.A;
29.A; 30.B; 31.A; 32.C; 33.D; 34.C; 35.C;
36.A; 37.C; 38.B; 39.A; 40.A; 41.C; 42.B;
43.B; 44.A; 45.D; 46.A; 47.B; 48.C; 49.D;
50.A; 51.B; 52.C; 53.B; 54.B; 55.D; 56.A;
57.B; 58.D; 59.B; 60.B; 61.C; 62.C; 63.D;
64.D; 65.B; 66.C; 67.D; 68.C; 69.D; 70.A;
71.D; 72.C; 73.A; 74.C; 75.D; 76.B; 77.C;
78.C; 79.B; 80.A; 81.D; 82.B; 83.D; 84.D;
85.D; 86.D; 87.D; 88.D; 89.D; 90.C; 91.D;
92.A; 93.B; 94.C; 95.D; 96.A; 97.B; 98.C;
99.C; 100.D。

(三)判断题

1.√； 2.×； 3.√； 4.×； 5.√； 6.×； 7.×；
8.√； 9.×； 10.√； 11.×； 12.√； 13.×； 14.×；
15.×； 16.√； 17.×； 18.√； 19.√； 20.×； 21.×；
22.×； 23.×； 24.×； 25.×； 26.×； 27.√； 28.√；
29.×； 30.√； 31.√； 32.√； 33.√； 34.√； 35.√；
36.×； 37.×； 38.×； 39.×； 40.√； 41.√； 42.√；
43.√； 44.×； 45.√； 46.×； 47.×； 48.√； 49.√；
50.×； 51.×； 52.×； 53.×； 54.×； 55.√； 56.√；
57.×； 58.√； 59.×； 60.×； 61.×； 62.√； 63.√；
64.×； 65.√； 66.×； 67.√； 68.×； 69.×； 70.×；
71.√； 72.√； 73.√； 74.×； 75.√； 76.√； 77.√；
78.√； 79.×； 80.√； 81.√； 82.√； 83.√； 84.×；
85.×； 86.×； 87.×； 88.√； 89.×； 90.√； 91.√；
92.×； 93.√； 94.√； 95.×； 96.×； 97.×； 98.√；
99.√； 100.√。

(四)简答题

1. 答：用户对其交发或收到的电报，认为有错误或时间延误向电报所申告时，不论是书面的或口头的，不论问题是否发生在本所，受理所均应立即处理，并自受理之日起，五日之内要将检查的结果和采取的措施通知申告人，并有完整的记录。

2. 答：下列铁路单位和单位负责人有权拍发电报：部、部属公司、局、分局及其他部属单位(包括部内各司、局、委、办、院各处，分局各分处及同级单位)。基层单位的站、段、厂、场、院、校、队、所及同级单位和铁道部、铁路局、工程局、分局的驻在单位。出差和执行各项列车乘务工作的负责人员。与运输有直接关系的基层单位所属部门需要拍发电报时，由铁路局(分局)批准。

3. 答：指银行办理铁路汇款业务，按急报处理。

4. 答：电报信息管理系统设备遇有故障应及时向有关部门汇报并做好记录，修复后应与部管理中心联系，核对数据。

5. 答：(1)收电单位为铁道部机关及直属单位时省略局尾代字；

(2)收电单位为铁路局、铁路分局及基层站段必须冠局尾代字，其代字加在单位名称的后面；

(3)收电单位中地名与地名、单位与地名之间加局尾代字区分，省略顿号；

(4)收电单位中隶属单位出现两个以上地名时，铁路工程局、勘测设计院、通号公司等单位不在局、院、公司所在地时，表示隶属关系可省略局、院、公司的地名，但收电单位地名必须冠局尾代字；

(5)使用统称语时，单位与单位之间加顿号；

(6)收电单位使用的局尾代字不用括号围括，占用一个汉字位置，计算组数；

(7)站名略号、特定所名略号及电报规则所规定的略号只限在报头中使用；

(8)对收电单位中的数目字、汉语拼音字母、符号必须用括号围括。

6. 答：(1)对电文和发电单位中的数目字、汉语拼音字母、符号必须用括号围括；

(2)百分号、千分号，可直接输入，也可用汉语拼音字母的"O"及斜线"/"组成；

(3)分数$\frac{1}{2}$、带分数$2\frac{1}{2}$译为=1/2、2=1/2；

(4)遇有汉语拼音字母与分数连写时JWCXO$\frac{1}{HO\cdot H}$译为JWCXO=1/HO·H；

(5)对未规定四码的汉字用0000代替，在附注栏内说明该字的写法；

(6)有些定型字可直接译电。

7. 答：经过报路传递的文字通信按电报办理，收电单位中一部分单位不经过报路的电报，电报所和发报用户办理上的分工原则上规定：

(1)属于同一电报所投递的单位，在人员、设备、交通工具条件具备的情况下，由电报所办理；

(2)属于同一电报所的话传单位，由发报用户自己办理；

(3)本地区的投递单位与沿线车站各单位的电报由电报所办理；

(4)各级监察、稽查、审计、乘务和出差人员发往任何单位的电报，均由电报所办理。

8. 答：用户要查阅电报原稿时，必须提出加盖原发电单位印鉴的书面证明，到电报所查阅。查阅时须有电报所负责人员在场，不准对原稿有任何修改。

9. 答：通播方式传输指导行的内容是：

(1)通播标志：需要拍发通播电报时，拍发通播标志符号TBO。

(2)通播数:收报所或统称语通电略号的个数。

(3)收报所名:根据收电单位拍发终到电报所名,使用站名略号、特定略号和统称语通电略号。

(4)报文等级:拍发报头等级栏所定电报等级。

(5)发报所名:拍发该封电报的电报所名。

例如:TBO 5 BJ SY GZ NNZ －J－ P TB。

10. 答:有5个,分别在:沈阳、大连、唐山、太原、济南。

11. 答:中车南方公司的统称语通电略号是－JGN－;

中车北方公司的统称语通电略号是－JGB－;

中车南方公司所属工厂的统称语通电略号是－GCN－;

中车南方公司所属研究所的统称语通电略号是－YJN－;

中车北方公司所属工厂的统称语通电略号是－GCB－;

中车北方公司所属研究所的统称语通电略号是－YJB－。

12. 答:有9个,分别在:南京浦镇、株洲、眉山、武昌、铜陵、武汉江岸、贵阳、石家庄、北京。

13. 答:有2个,分别在:哈尔滨、西安。

14. 答:有3个,分别是:株洲电力机车厂、资阳内燃机车厂、洛阳机车厂。

15. 答:有5个,分别是:牡丹江、长春、北京二七、大同、兰州机车厂。

16. 答:有2个,分别是:株洲电力机车研究所、戚墅堰机车车辆工艺研究所。

17. 答:有2个,分别是:大连内燃机车研究所、四方车辆研究所。

18. 答:各主考单位结合本局实际写出标准答案。

19. 答:由于过去铁路局的撤并,有的铁路局管辖的车站增多,用同一个局尾代字已不够,因此,这些局仍保留了原来的局尾代字,所以有的局就会出现两个以上的局尾代字。它们分别是:哈尔滨局B、X,上海局H、S,郑州局F、N、Y,北京局P、V,沈阳局T、L、D。

20. 答:由于各所用电报终端的软件不同,请各主考单位根据实际写出答案。

21. 答:国际电报所名一律在运营电报所名后面加9。传输指导行的报文等级代字是G。

22. 答:共设置:全路干线网路领导小组、铁路(工程)局网路组、铁路分局网路组等三级网路组织。

23. 答:发动广大报务人员贯彻执行《铁路电报管理规则》和各项规章制度,督促检查执行情况。保证电报畅通,全面完成通报任务。按照网路工作的领导系统和协作原则,组织全程全网的各项活动,统计分析质量完成情况,总结交流经验,全面提高服务质量。

24. 答:在译电时,电报中遇有汉语拼音字母ü时,规定用YU来代替,如:“女”字的拼音是“Nü”,在电报拼音时用“NYU”代替,“绿”字的拼音是“Lü”,在电报拼音时用“LYU”代替。

25. 答:(1)使用智能终端机向自动交换机通报时,应确认指导行,按先急后缓原则,顺序拍发。

(2)电报发完后,确认收电单位与指导行是否相符,填写机上日志。

(3)正确使用机上通报(微机命令)用语。

26. 答:在办理电报过程中,应采取自检、互检、总检的三检制度,防止错、漏、丢报。检查发报时应检查发往的电报所名与该报的收电单位是否相符;检查到报应检查收电单位与投递单位是否相符,其他检查有无错漏之处。检查完后由检查者签字或盖章。

27. 答:电报原稿由夜班值班者负责装订,并在封皮上签字或盖章。发报原稿按照受理电报号码的顺序装订;收报原稿终端机按照收报冠流号码、传真电报按每个报所及收到时间先后顺序装订。打字撕断有显字纸和传真传递有关的纸张,应妥善保存,同电报原稿一起装订。

28. 答:收到收电单位名称不明确的电报时,收报所要负责和有关单位联系,确认收电单位后,进行投递,并用公电通知发电单位。

29. 答:电报信息管理系统由铁路电报站名略号、部属单位统称语通电略号及全路电报所投递范围数据库组成。管理中心设在铁道通信信息有限责任公司网络运行部,数据库中心设在各铁路局、分局。

30. 答:各级监察、稽查、审计、乘务和出差人员拍发电报时,须出示工作证和乘务证、监察证、稽查证、审计证等,在原稿空白处填记证件号码。在话传单位发报时,应由话传单位向电报所证明后,再行办理。

31. 答:电报已经受理后,发电单位要求取消时,必须提出加盖原发电单位印鉴的书面证明,通知电报所取消。如果电报已经发出,由发电单位自行处理。

32. 答:铁路沿线各单位发、收电报可用话传、传真或车递的方式进行传递。话传、传真单位的发报经办人员,由本单位负责人指定后,向电报所办理登记。

33. 答:报路故障短期不能恢复时,向用户说明原因停止受理。已经受理的电报,通知发电单位自行处理。对无法通知发电单位的电报,应在交接班日志做好记录,待故障恢复后发出。

34. 答:(1)树立质量第一的思想,认真执行作业标准,坚持自检、互检、总检制度,防止错办。

(2)领班或质量检查员定期抽查报务员优质电报、标准发报、电报时限完成情况。

(3)夜班领班负责检查一天发、收电报的处理情况,统计及填写资料是否正确。

35. 答:(1)按规定的评比条件,按时总结,提出评比资料。

(2)主任或领班负责组织班与班间和个人评比。

36. 答:(1)每季或每月对邻所和用户做到走出去、请进来,征求意见,不断提高电报质量。

(2)有计划的召开干线、局、(分局)线包台会,交流意见,总结经验,确保通信畅通。

37. 答:(1)要有现行规章制度和有关文电。

(2)铁路站名略号本、统称语通电略号本、标准电码本;

(3)电报作业标准及话传、投递范围表、新华字典、列车时刻表。

(4)全国铁路站名示意图。

38. 答:编制电报发文号的编制格式为年份、单位代字、序号,其中,年份要用全称,用括号括起;单位代字在本单位公文代字后加“电”字;序号由发报主办单位编制流水号。例如:[2002]铁运电第 101 号。

39. 答:根据需要与可能,由用户与电报所商定,并在附注栏内填记送交收电单位的时间。如用户要求在 14:30 前送达,在可能的情况下,在附注栏内填记“XS14:30”。

40. 答:由于各所用电报终端的软件不同,请各主考单位根据实际写出答案。

41. 答:机上通报应建立冠流号码,每日零时自 1 号起排列,如有不符,应立即查明原因。每日工作结束后,由值机员负责核对冠流号码。

42. 答:用户发电报时须由发报单位领导签发,应使用铁路专用电报纸书写,文字简练,字体清晰,收电单位明确,电文通顺,标点符号完整,加盖公章或名章(签字),填写拟稿人姓名和电话号码。

43. 答:(1)在起始符号 ZCZC 与报头之间加发传输指导行,然后回车继续拍发;

(2)报头每项之间空二个间隔,其他均为一个间隔;

(3)收电单位与抄知、抄送单位之间回车继续拍发;

(4)电文开始空二组,电文完了回车空二组,拍发发文号码,回车空三组,拍发发电单位(联合发报时,发电单位并列);

(5)发报译电每页以 20 行为准(包括报头),页与页之间升 5 格。

(五)综合题

1. 答:脉码通信、程控交换机、数据传输等传送和使用的是数字编码,这种通信方式称数字通信。

干线通信是指铁道部到各铁路局及各铁路局间的通信。局线通信是指铁路局至分局及分局间的通信。

2. 答:(1)被传递的信息的文件性;

(2)传递信息的敏捷性和准确性;

(3)被传递信息的保密性。

3. 答:《铁路电报站名略号》的内容是按 A、B、C…发音顺序排列,内容有四项,第一项代表站名;第二项代表站名略号;第三项代表该车站隶属局、分局或公司;第四项代表负责办理电报的电报所名及所名略号。

4. 答:站名略号由三个字母组成,它尽可能按该站名第一个字拼音的第一个字母排列,当第一个字母占满时,按下列规定排列:D 部占满时,编入 R 部;L 部占满时,编入 U 部;S 部占满时,编入 O 部;X 部占满时,编入 E 部;Y 部占满时,编入 A 部;其他或代用部字母也占满时,一律编入 V 或 R 部。

5. 答:附注略号是为了便于电报所在办理电报过程中处理某些业务而制定的,附注略号只能出现在电报附注栏内,通过使用附注略号可以处理一些难以处理的电报业务,具体附注略号如下:

BG 变更到报所名;

XS 限定时间到达的电报;

CH 重号;

ST 迅速转发、投递;

BK 包括;

CQ 除去;

GR 隔日电报。

6. 答:目的:电报业务统计是分析报路运用效率、劳动生产率、设备技术改造的主要依据。

要求:(1)各项统计数字必须真实可靠,统计方法和时机应符合规定;

(2)填写表报、原始资料,字迹清楚正确,电报所名不得写简称或代字;

(3)要严格遵守上报时间,从报务员至各级报话负责人员都要学会统计方法。

7. 答:(1)发报时因收报单位统称语不同而收报所名相同的,可以使用同一个通电略号在指导行里出现。

(2)指导行里同时出现两个及以上通电略号时,如其中一个能包括另一个略号的收报所时,只打一个收报所最多的通电略号。

(3)铁路局、铁路分局电报所发报时，一封电报的指导行中有通电略号又有管外的电报所名，要分别填写指导行拍发。

8. 答：建立健全质量管理制度，以预防为主，加强质量管理和作业过程中的检查，把好质量关。根据质量管理要求，填写原始记录，定期分析安全、生产情况，采取措施，提高电报质量和服务水平。

9. 答：国际铁路公务电报细则，应在铁路合作组织各参加国铁路领导机关、国境铁路局、国境站与联运车站之间使用。我国有权发报的单位对国外发报时，不受同级单位对口的限制。原各国境站间的通报办法，可按有关协定办理。

10. 答：优质电报办理封数为人工送报、车递电报、传真报之和，优质电报率为：

$$优质电报率=\frac{办理封数-非优质封数}{办理封数}\times 100\%=\frac{690+60+30-15}{690+60+30}\times 100\%$$

$$=\frac{765}{780}\times 100\%=98.1\%$$

实际完成优质电报率是98.1%。

11. 答：优质电报办理封数为人工送报、车递电报、传真报之和，话传电报不算优质电报封数，故：

$$优质电报率=\frac{办理封数-非优质封数}{办理封数}\times 100\%=\frac{870+20+120+10-20}{870+20+120+10}\times 100\%$$

$$=\frac{1\,000}{1\,020}\times 100\%=98\%$$

实际完成优质电报率是98%。

12. 答：共完成发报320封，非标3封，标准发报率为：

$$标准发报率=\frac{办理封数-非标准报封数}{办理封数}\times 100\%=\frac{320-3}{320}\times 100\%=99.1\%$$

实际完成标准发报率是99.1%。

13. 答：共完成发报320封，对方变字本所显示稿无错不影响本所标准发报率，因此实际完成标准发报率是100%。

14. 答：共完成发报358封，非标5封，标准发报率为：

$$标准发报率=\frac{办理封数-非标准报封数}{办理封数}\times 100\%=\frac{358-5}{358}\times 100\%=98.6\%$$

实际完成标准发报率是98.6%。

15. 答：办理封数为发报封数、人工送报之和，超限不计任何客观因素，超限25封，时限率为：

$$时限率=\frac{办理封数-超限封数}{办理封数}\times 100\%=\frac{267+198+426-25}{267+198+426}\times 100\%$$

$$=\frac{866}{891}\times 100\%=97.2\%$$

实际完成时限率是97.2%。

16. 答：办理封数为发报封数、人工送报、传真封数之和，车递不计时限封数，时限率为

$$时限率=\frac{办理封数-超限封数}{办理封数}\times 100\%=\frac{432+654+15-36}{432+654+15}\times 100\%$$

$$=\frac{1\,065}{1\,101}\times 100\%=96.7\%$$

实际完成时限率是 96.7%。

17. 答:办理封数为发报封数、人工送报、传真封数之和,超限不计任何客观因素,超限 49 封,时限率为:

$$时限率=\frac{办理封数-超限封数}{办理封数}\times100\%=\frac{567+357+15-49}{567+357+15}\times100\%$$

$$=\frac{890}{939}\times100\%=94.8\%$$

实际完成时限率是 94.8%。

18. 答:熔断器俗称"保险丝",在电路中用字母 RD 代表,熔断器在电路中是用来保护电源或用电设备的一种保安装置。

熔丝的作用是:当电源发生过负载或外电路发生短路时,因电路中电流增大,使熔断器的熔断体发热过大而熔断,从而切断电路,起到保护作用,所以在电源设备与用电设备相连接处,应设有熔断器。

19. 答:(1)串联电路中的总电阻等于各电阻之和。

即:$R_{总}=R_1+R_2+\cdots\cdots+R_n$

(2)各电阻上的电压之和等于电路两端总电压。

(3)流过各电阻上的电流相等,而各电阻上的电压与各电阻值成正比。

(4)各电阻上消耗的功率与各电阻的阻值成正比。

20. 答:(1)并联电路总电阻的倒数等于各支路电阻倒数之和。

即:$1/R_{总}=1/R_1+1/R_2+\cdots\cdots+1/R_n$

(2)各电阻上的电压相等,并等于外加电压。

(3)电路总电流等于各支路电流之和,而各支路电流与其支路电阻值成反比。

(4)各支路电阻上消耗功率与各支路电阻值成反比。

三、高级铁路报务员技能要求部分演练题

(一)题　　目

1. 发送电报汉字稿(100 分)。
2. 站名、站名略号互译(100 分)。
3. 发送四码稿(100 分)。
4. 发送汉语拼音字母稿(100 分)。
5. 受理电报(100 分)。
6. 受理传真电报(100 分)。
7. 发报译电(100 分)。
8. 机上发报(100 分)。
9. 机上拍发传真电报(100 分)。
10. 机上收报(100 分)。
11. 机上收传真报(100 分)。
12. 到报译电(100 分)。
13. 投递(100 分)。
14. 电报原稿检查(100 分)。
15. 电报原稿整理(100 分)。

(二)考核要求和内容

1. 发送电报汉字稿

(1)一封有意义的电报汉字稿,报头 6 项,收电单位 20 组,电文及发电单位合计 320 组;

(2)报文中使用的汉字不超过常用四码 2000 组的范围;

(3)正确操作智能终端机;

(4)报头和收、发电单位及电文的发送要正确;

(5)指导行根据收电单位正确配发;

(6)考核时间:8 min;

(7)安全文明生产:①能正确执行安全技术操作规程;②能做到工作场地整洁,坐姿标准,工作着装规范。

2. 站名、站名略号互译

(1)站名、站名略号各 60 个;

(2)在常用站名略号 300 个中选择;

(3)站名、站名略号的互译要正确、迅速;

(4)考核时间:10 min;

(5)安全文明生产:①能正确执行安全技术操作规程;②能做到工作场地整洁,坐姿标准,工作着装规范。

3. 发送四码稿

(1)试卷为无意义的520组四码稿,微机打印稿;

(2)发报正确、迅速,符合标准要求;

(3)发报每分钟65组,并全部正确为满分;

(4)考核时间:8 min;

(5)安全文明生产:①能正确执行安全技术操作规程;②能做到工作场地整洁,坐姿标准,工作着装规范。

4. 发送汉语拼音字母稿

(1)试卷为280组的汉语拼音字母稿(5个字母组成一组),微机打印稿;

(2)发报正确、迅速,符合标准要求;

(3)发报每分钟35组,并全部正确为满分;

(4)考核时间:8 min;

(5)安全文明生产:①能正确执行安全技术操作规程;②能做到工作场地整洁,坐姿标准,工作着装规范。

5. 受理电报

(1)确认发报权、范围、印鉴或签字,是否有拟稿人姓名、电话号码,对监察、稽查、审计、乘务和出差人员的电报,在原稿空白处填记证件名称及号码;

(2)确认收电单位是否明确;

(3)顺通电文,标点符号是否完整,字迹是否清楚,有疑问时,要问明标清;

(4)根据电报急缓及设备情况,与用户洽商等级,对紧急电报应加标记,考虑全程时限,及时处理;

(5)填写受理登记簿的同时,在双方原稿上填写发报所所名、电报号码、等级、日期、受理当时的时间及受理者代号;

(6)话传发报,应确认有否发报权,对地名、人名、数字及易混字句应复诵。将电报号码、受理时间通知发电单位,并互报姓名或代号;

(7)考核时间:受理时间平均不超过10 min;

(8)安全文明生产:①能正确执行安全技术操作规程;②能做到工作场地整洁,坐姿标准,工作着装规范。

6. 受理传真电报

(1)使用传真电报纸,无删改填补,传送图表符合规定尺寸,印章端正不与文字重叠;

(2)认真填写"传真电报传送方向单",多页电报按规定填写页数与分页数;

(3)确认发报权、范围、印鉴或签字,是否有拟稿人姓名、电话号码,对监察、稽查、审计、乘务和出差人员的电报,在原稿空白处填记证件名称及号码;

(4)确认收电单位是否明确;

(5)顺通电文,标点符号是否完整,字迹是否清楚,有疑问时,要问明标清。

(6)根据电报急缓及设备情况,与用户洽商等级,对紧急电报应加标记,考虑全程时限,及时处理;

(7)填写受理登记簿的同时,在双方原稿上填写发报所所名、电报号码、等级、日期、受理当时的时间及受理者代号;

(8)考核时间:受理时间平均不超过10 min;

(9)安全文明生产:①能正确执行安全技术操作规程;②能做到工作场地整洁,坐姿标准,工作着装规范。

7. 发报译电

(1)掌握译电方法,正确使用局尾代字;

(2)认真校(核)对,念准听清,对同音异字加以解释,校对后,查对组数,正确配报,签代号;

(3)改条要与原发报稿一致;

(4)考核时间:平均 300 字8 min;

(5)安全文明生产:①能正确执行安全技术操作规程;②能做到工作场地整洁,坐姿标准,工作着装规范。

8. 机上发报

(1)使用智能终端机向自动交换机通报时,应确认指导行,按先急后缓原则,顺序拍发;

(2)电报发完后,确认收电单位与指导行是否相符,填写机上日志;

(3)正确使用机上通报(微机命令)用语;

(4)考核时间:根据实际情况定;

(5)安全文明生产:①能正确执行安全技术操作规程;②能做到工作场地整洁,坐姿标准,工作着装规范。

9. 机上拍发传真电报

(1)传送前,应检查报头各项内容,根据传送方向单的发往电报所名,按照电报等级、受理时间顺序设定传送方向进行传送;

(2)为了保证传真电报的质量,根据用户书写字迹的深浅情况,相应调整浓淡度;

(3)电报传送完了,电话要收据,填写传送方向单,同时登记机上日志;

(4)考核时间:根据实际情况定;

(5)安全文明生产:①能正确执行安全技术操作规程;②能做到工作场地整洁,坐姿标准,工作着装规范。

10. 机上收报

(1)确认收、发电单位,检查显字情况,核对组数,顺通电文,遇有疑问追查到底,发现误发时,通知发报所更正;

(2)正确处理配报,注意附注,遇急报或有时间性的报应做标记,及时处理,正确填写机上日志;

(3)收到改条后正确处理;

(4)考核时间:根据实际情况定;

(5)安全文明生产:①能正确执行安全技术操作规程;②能做到工作场地整洁,坐姿标准,工作着装规范。

11. 机上收传真报

(1)确认收电单位,发现误传时通知发报所更正;

(2)检查报面完整、端正、字迹清晰,按收报作业标准进行处理;

(3)对投递的电报,使用复印机进行复印;

(4)考核时间:根据实际情况定;

(5)安全文明生产:①能正确执行安全技术操作规程;②能做到工作场地整洁,坐姿标准,工作着装规范。

12．到报译电

(1)检查显字情况，对未译出的汉字要填写正确，对无用的符号要抹净，核对份数，纸张大小要符合标准，对多页报顺序装订；

(2)加盖电报证印，正确配报；

(3)考核时间：5 封 2 页电报5 min；

(4)安全文明生产：①能正确执行安全技术操作规程；②能做到工作场地整洁，坐姿标准，工作着装规范。

13．投递

(1)按投递径路分检，登投递簿，认真做到“三核对”，即：投递前，配送单位与收电单位、投递簿核对；投递中，配报单位、电报号码与收电单位核对；投递后，对用户签章(字)、收到时间核对；

(2)有时间性的急报1 h内投递；普通电报按“二个阶段”投递(自取按协议办理)，投递后送报员签代号；

(3)考核时间：20 封电报分检登记10 min；

(4)安全文明生产：①能正确执行安全技术操作规程；②遵守交通规则，注意人身安全。

14．电报原稿检查

(1)在办理电报过程中，应采取自检、互检、总检，防止错、漏、丢报；

(2)发报应检查发往的电报所名与收电单位及其他事项是否相符；

(3)到报应检查收电单位与投递单位是否相符；

(4)其他有无错漏之处；

(5)由检查者签字或盖章；

(6)考核时间：20 封收发报20 min；

(7)安全文明生产：①能正确执行安全技术操作规程；②能做到工作场地整洁，坐姿标准，工作着装规范。

15．电报原稿整理

(1)发报：按照受理电报号码的顺序；

(2)到报：按照收报冠流号码的顺序；

(3)检查者在封皮上签字或盖章；

(4)对受理中的重号、脱号电报，在封皮上做标记；

(5)考核时间：10 min；

(6)安全文明生产：①能正确执行安全技术操作规程；②能做到工作场地整洁，坐姿标准，工作着装规范。